教孩子能写会说 漫画版

… 结构化表达 …

黄漫宇 ◎ 著

机械工业出版社
CHINA MACHINE PRESS

这是一本相当实用的结构化表达宝典，专为充满青春活力的你量身定制！书里用简单的语言和好玩的漫画故事，带你玩转结构化表达的秘诀、法宝和模板。

翻一翻这本书，就像走进了一个既亲切又神奇的沟通乐园。你会跟着书中的主人公——小嗯、妙言和慧文老师，一起穿越从写作文到日常闲聊，从课堂发言到参加辩论，从竞聘班长到参加面试……所有这些你熟悉的场景，都变成了有趣的漫画情节。

在轻松愉快的阅读中，你将快速掌握如何在写作文时条理清晰、在课堂发言时自信满满、在演讲时侃侃而谈、在参加面试时从容不迫。它不仅仅是一本书，更是你提升"言值"的秘密武器！

快来一起探索吧，让结构化表达成为你的技能，无论在哪里，都能勇敢地说出你的想法，成为那个既愿意表达又能表达、更会表达的沟通小达人！

图书在版编目（CIP）数据

教孩子能写会说 ：结构化表达 ：漫画版 ／ 黄漫宇
著. -- 北京 ： 机械工业出版社，2025.5. -- ISBN 978-
7-111-78195-0

Ⅰ. H15-49；H0-49
中国国家版本馆CIP数据核字第2025ZC3162号

机械工业出版社（北京市百万庄大街22号　邮政编码100037）

策划编辑：曹雅君	责任编辑：曹雅君　蔡欣欣
责任校对：薄萌钰　张亚楠	责任印制：单爱军

保定市中画美凯印刷有限公司印刷
2025年5月第1版第1次印刷
170mm×240mm・17.25印张・2插页・269千字
标准书号：ISBN 978-7-111-78195-0
定价：69.00元

电话服务　　　　　　　　网络服务
客服电话：010-88361066　机 工 官 网：www.cmpbook.com
　　　　　010-88379833　机 工 官 博：weibo.com/cmp1952
　　　　　010-68326294　金 书 网：www.golden-book.com
封底无防伪标均为盗版　机工教育服务网：www.cmpedu.com

前　言

　　随着社会发展和竞争日趋激烈，具备优秀的沟通表达能力已经成为决定孩子未来发展的关键技能。提高沟通表达能力，不仅能够帮助孩子在求学和职业上取得成功，还能有利于他们的心理健康和培养社会适应能力，让他们形成良好的个人形象，从而实现自己的目标。

　　虽然沟通表达能力应该从小培养，但实际上很多青少年读者在表达方面也存在诸多问题，比如：

- 写作文时总是抓耳挠腮、不知从何下手；
- 参加面试时紧张得语无伦次；
- 课堂发言时，明明心里有很多想法，说出来却乱糟糟的，让人听了一头雾水……

　　为了帮助青少年读者从小就养成清晰表达的习惯，继推出针对职场人的"结构化系列"畅销书后，我结合青少年的理解习惯和阅读偏好，撰写了这本书，旨在针对青少年在沟通表达方面存在的痛点，通过生动有趣、易学好用的方式帮助他们在短时间内学会结构化表达，提高沟通表达能力。

　　本书用简单的语言和好玩的漫画故事，带你玩转结构化表达的秘诀、法宝和模板，帮你提高书面表达力、社交沟通力、共情理解力和结构思考力。

翻开这本书，你会发现：

首先，它就像一个宝藏库，里面藏着无数关于沟通表达的"秘密武器"。比如，我们会一起探索清晰表达的奥秘，学会如何像搭积木一样，把复杂的信息整理得井井有条，无论是写作文、课堂发言还是参加面试，都能轻松应对，言之有物，言之有序。

其次，这本书还特别注重实战演练。想象一下，你是不是经常觉得写作文时脑子里一片空白，不知道该写什么？或者，在演讲台上紧张得忘记了台词？别担心，我会通过生动有趣的小故事、漫画和实用的练习，让你在轻松愉快的氛围中不知不觉就掌握了这些"秘密武器"。

最后，结合青少年读者的阅读偏好，这本书里不仅有丰富的知识点，还有很多好玩的小栏目，比如"慧文老师有话说"，它就像你的私人导师一样，在你困惑时给出最贴心的建议；"言值提升站"，则主要是通过小嗯和妙言两姐弟的小故事，让你在熟悉的场景中学到实用的沟通技巧。

所以，亲爱的小读者，快来翻开这本书吧！让我们一起踏上这场提升表达力的奇幻旅程，让你的"言值"飙升，成为最闪亮的小明星！我相信，只要你认真阅读这本书，就一定能找到那把打开表达之门的钥匙，让自己的想法像阳光一样，温暖而明亮地照耀在每个人的心田。加油哦！

黄漫宇

2025 年 3 月于武汉

主要人物

小嗯：不善表达，但是在努力改进的弟弟，三年级的小学生。
小嗯是一个内心丰富但表达能力欠佳的孩子。他常常因为找不到合适的词语而显得尴尬，但他的内心充满了对世界的好奇和对知识的渴望。

妙言：小嗯的姐姐，六年级的小学生，和小嗯在一所学校，善于表达。
妙言是一个开朗、自信且表达能力较强的女孩。她的话语总能让人产生共鸣，甚至让人忍不住为她点赞。

慧文老师：小嗯和妙言共同的语文老师。
慧文老师是一位教学经验丰富的语文老师。她擅长循循善诱地引导学生们提高沟通能力，不仅是姐弟俩崇拜的对象，也是全校学生心目中的好老师。

目　录

你有没有觉得，有时候脑袋里装满了超炫的想法，可一张嘴，说出来的话却像乱码一样，和心里想的完全是两码事？这是因为你还没找到表达的秘诀！如果你能养成结构化表达的习惯，那你的话就会变得简洁又有力，就像发射出去的信号，别人一听就懂，还能让他们更好地理解你。

第 1 章
表达小超人，
你真棒！

哎呀，我为什么想不清楚、说不明白？

写作文时脑袋空空，该怎么理清思路呢？

写好作文最难的是动笔前如何理清思路。当你面对着摊开的作文纸，心里可能装着无数个想法，它们像小精灵一样在脑袋里蹦蹦跳跳，可就是不愿意排好队，走出你的笔尖。你拿起笔，又放下，再拿起，再放下，就像在和那支笔玩一场永远不结束的接力赛。

这个作文题目真有意思，"梦想中的奇幻世界"，嗯……让我好好想想。

有会飞的鱼、说话的树、还有用彩虹做桥的城堡。

这个点子太棒了，我得赶紧写下来！哎呀，这个也很有趣，写上写上！

结构混乱，读者迷失方向 50

怎么会这样……我明明已经尽力了。
结构混乱，读者迷失方向……我应该怎么做才能写得更好呢？

慧文老师有话说：如何理清作文思路

好作文的要求 —— 简洁 / 清晰 / 有说服力

如何实现 —— 明确主题 → 设计开头、中间和结尾 → 写好提纲再动笔

课堂上发言，怎样说得井井有条？

你在课堂上是不是经常积极发言？可是，有的时候，你好不容易争取到了发言机会，但是一张嘴，突然发现思路变得像一团乱糟糟的毛线球，怎么也理不清："嗯……就是那个……那个……"，这个时候好尴尬啊！

如果你们能变成任何动物，你们会选择变成什么？为什么？

我，我想变成，嗯，一只，嗯，鸟。因为，嗯，它可以飞。但是，然后，我又想，变成鱼也不错，因为，游泳，嗯，也很快，所以……

没关系，小嗯，想法太多的时候，就像口袋里装满了彩色糖果，一不小心就会洒出来。下次，你可以先挑一颗最喜欢的糖果，告诉我们它为什么特别，好吗？

慧文老师有话说：如何回答问题

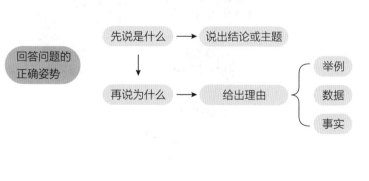

回答问题的正确姿势

先说是什么 → 说出结论或主题

再说为什么 → 给出理由 { 举例 / 数据 / 事实 }

讲故事没人听，如何吸引小伙伴的耳朵？

当你看到好故事的时候，是不是会迫不及待地和别人分享？但是，你有没有遇到过这样的情况呢？自己很兴奋，但是讲着讲着就不知道讲到哪里了，突然觉得头脑里蹦出好多好多想法，可是不知道要从哪里说起。这个时候你开始语无伦次，而你的听众却越听越迷惑，一个好故事被你讲砸了。

姐姐！我今天发现了一个超级棒的故事，你一定要听听！

这个故事里有一个国王，他有一个巨大的城堡，城堡里还有一个秘密房间……

有……有会飞的马，还有会说话的猫……

哇，听起来好神秘啊，那秘密房间里藏着什么呢？

 **慧文老师有话说：如何讲好故事**

先说故事的主题 → 比如：勇敢探险的故事

按照一定的顺序组织故事内容 — 时间顺序 / 空间顺序 — 增强表达效果 — 根据内容调整语气、语调 / 配合手部动作 / 配合面部表情

话匣子一开就停不下来，怎样说得又短又精彩？

小"话痨"，就像是永不停歇的小喇叭，无论何时何地，总能听到他们"叽叽喳喳"的声音。他们像一群快乐的小鸟，把每天发生的事都编织成热闹的故事集，他们的小脑袋里装满了奇思妙想和无尽的问题。

但是这些小"话痨"也有自己的小烦恼。有时候，他们会发现，当自己兴奋地说个不停时，朋友们却显得有点疲惫或者走神了。小"话痨"心里可能会嘀咕："我是不是说得太多了？"这种感觉，就像是突然发现自己最爱的超级英雄漫画，别人却并不那么感兴趣一样，有点小失落。

008

小嗯，你是不是忘了告诉我们实验目的是什么了？

啊，对哦，我忘了说这个了……真是不好意思。

慧文老师有话说：怎样言简意赅

开口前先按照结构组织思路

先说实验目的

↓

再说实验步骤

↓

最后说实验结果

点子王上线，简洁又明了

结构化表达，就像是你在搭积木一样，每块积木都有它的位置，这样搭出来的城堡既稳固又好看。结构化表达让你的话语有条理、有重点，让人听得懂，记得牢。

信息太多，怎样让自己脱颖而出？

你有没有发现，这个多彩的世界里信息多得让人眼花缭乱，这样一来，你就很难专心做自己的事情了，对不对？

其实啊，你的小伙伴也和你一样，面对世界中充斥的各种信息，注意力严重超负荷。所以，你要把想法告诉朋友，就要学会用简单、明了的方式，像搭积木一样，一步一步来，先搭好底座，再放上屋顶，这样才能让他们轻松理解你的所思所想。

周围都是干扰，怎样快速说到重点？

当我们试图专注于某个重要的工作时，却经常受到来自外界的干扰。数据显示，我们每个人平均每8分钟就会受到一次干扰，而一旦被干扰，需要大约25分钟才能把注意力集中到原先所做的事情上。

好吧，看来得从头开始了。

所以，在这个信息爆炸、干扰满天飞的时代，练就一身"直击要害，点到即止"的表达绝技就显得极为重要。你要学会在最短的时间内，用清晰、简洁、有力的话语直达人心，而结构化表达就是在这个"噪声世界"里最炫酷的通行证。

听众耐心不多，怎样帮他们节省时间？

在这个快节奏的世界里，每个人的时间都像金子一样宝贵。就像我们在玩游戏时，总是希望一上手就能知道最酷的玩法，而不是听一大堆前情提要。同样地，当我们分享想法时，也要记得听众的耐心是有限的。

我发现了一款超赞的游戏！开局就是刺激的冒险，你们知道吗，里面还有各种隐藏关卡等你来探索，简直让人欲罢不能！

所以，无论是和朋友聊天，还是在课堂上发言，都要记得考虑听众的感受，用简短有力的语言传达你的想法，吸引他们的注意。这样，你不仅能节约大家的时间，还能成为一个受欢迎的分享者。

 慧文老师有话说：为什么要掌握结构化表达

面临的现实问题	→	解决方案	→	具体工具
● 信息泛滥 ● 干扰满天飞 ● 听众缺乏耐心		● 善于用简洁明了的语言传递信息		● 结构化表达

换位小侦探，结构化思维大揭秘

换位思考：小伙伴想听什么秘密?

结构化表达是建立在换位思考的基础之上的。

那么，猜猜换位思考是什么神秘技能呢? 想象一下，你手握一面闪闪发光的奇幻"换位镜"，对着它轻轻一念:"嘿，让我窥探一下别人的奇妙世界!""嗖"的一下，你就仿佛穿上了别人的魔法鞋，跳进他们的心灵王国，开始了一场惊心动魄的探险。

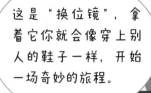

这是"换位镜"，拿着它你就会像穿上别人的鞋子一样，开始一场奇妙的旅程。

哇！我是不是可以用这个镜子去了解任何人？

当然可以。这个工具为你提供了更多学习、理解和尊重他人的机会。

"换位镜"真的可以让我更了解别人的世界吗？

所以呀，要是你掌握了换位思考的魔法，就像随时揣着那面"换位镜"，自然而然就能跳到别人的肩膀上，不但能看透他们的心思，避开误解的大坑，还能挑出最合他们心意的沟通秘籍，更好地与他们相处。

慧文老师真的好严厉啊，每次错几个题就会被批评。

嗯，听起来确实不容易。不过，你有没有想过老师为什么会这样呢？

你用这个"换位镜"看看，或许能理解老师是怎么想的。

原来老师在讲台上要面对这么多不同的学生，真的好难。

原来老师的批评其实是一种关爱，他希望我们都能进步。我要更认真，不让老师失望。

你能通过"换位镜"看到老师的用心，真的很棒！

结构化思维：让你成为学习小能手

想象一下，你的大脑是个超级炫酷的加工厂，每天忙着把接收到的各种信息进行加工，像变魔术一样创造出新鲜的知识、超棒的点子，或者指挥你做出超酷的行动！而结构化思维，就像是这场魔术表演里的大导演，它让信息的排列组合变得井井有条，像一场精彩绝伦的舞蹈演出。

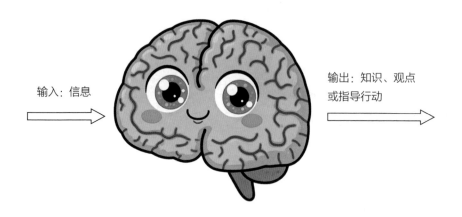

结构化思维也像是一个乐高大师，能够把散乱的积木（也就是信息）有序地排列和搭配起来，让它们变成一座座壮观的城堡、一辆辆炫酷的跑车，或者任何你想象中的奇妙造型。

所以，结构化思维就是在你的乐高思维世界里，把信息积木进行有序排列和搭配的过程。这样，你的思维就会变得更加清晰、有条理，就像你的乐高作品一样，让人眼前一亮，赞叹不已！

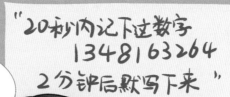

那么，结构化思维如何帮你把零散的信息积木拼成一个超级炫目的形状呢？没错，答案的关键在于金字塔。

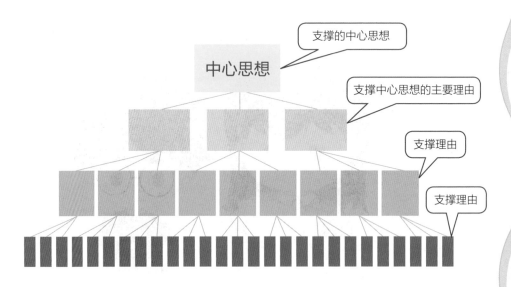

在这个金字塔的最顶端，坐着你的"大王"观点，它就像是主题派对的主持人。

往下看，金字塔里可热闹了！不仅有从上往下的"滑梯"关系，还有左右开弓的"伙伴"关系。在滑梯关系中，每条下面的信息都是上面的信息的支撑，它们可以是递进的小火车、因果的侦探故事或者是时间的旅行日志。而伙伴关系呢，就像是同一层楼的小伙伴们，手拉手站在一起，是并肩作战的好队友。

最神奇的是，当你用这种方法来表达时，就像变了个魔术，把复杂的事情变得清清楚楚，听众们不仅能跟着你的思路轻松旅行，还能像拍照一样，把这些信息咔嚓咔嚓全记在脑海里。这就是结构化思维的魅力，让你的想法翩翩起舞，让人过目不忘。

结构化思维是成为表达高手的"秘密武器"，这个"秘密武器"能让你的思维变得像水晶一样清澈，逻辑像直线一样顺畅。用不了多久，你就会发现，自己的表达能力像坐上了火箭，嗖嗖地往上升。

所以，不管是写作文、回答问题，还是和同学们聊天，都别忘了先用这个"秘密武器"捕捉一下你的想法，再用清晰的结构把它们串起来。相信我，当你看到大家因为你的精彩表达而眼前一亮时，那种乐趣和成就感，简直就像赢得了全世界的掌声。

 慧文老师有话说：结构化表达的两大基石

```
              结构化表达
           ┌──────┴──────┐
        换位思考          结构化思维
```

	换位思考	结构化思维
如何实现	站在别人的立场来理解别人	将散乱的信息有序排列
好处	选择适合对方的方式进行交流	表达清晰、有条理

1.4 结构化表达的魔法棒

帮你把作文的思路整理得井井有条

你是不是经常遇到这样的大挑战：一想到要写作文，心里就像堆满了彩色泡泡，每个泡泡都闪闪发光，却不知道该从哪个泡泡开始吹起？

别急，我这儿有个超炫酷的技巧——"结构化思维飞船"！

想象一下，你驾驶着一艘飞船，船头最耀眼的位置，安装着你的"核心引擎G"，那就是你最闪亮、最重要的想法。

接下来，为了让这艘飞船飞得更高更远，你需要给它装上几个强大的"推进器"，它们就是支持你的核心观点的"A、B、C"三个关键要素。

然后，你给每个推进器都加上满满的"能量块"，这些"能量块"就是证明A的"论据A1、A2、A3"。每加上一块，你的飞船就多一份动力，你的思路也就更加清晰。

这样一来，你的思维就像这艘装备齐全的飞船，不仅能在知识的宇宙里自由翱翔，还能让每个想法都像是飞船上的灯光，一盏接一盏地亮起来，指引你前进的方向。

比如，妙言准备写一篇作文：你最喜欢的动物是什么？在动笔之前，她在纸上画下了这样的结构化思维导图。

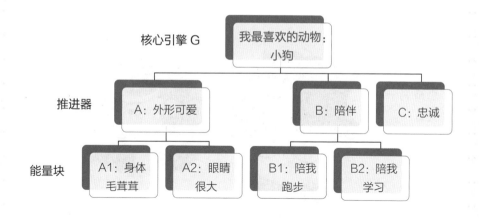

核心引擎G — 我最喜欢的动物：小狗

推进器 — A：外形可爱 | B：陪伴 | C：忠诚

能量块 — A1：身体毛茸茸 | A2：眼睛很大 | B1：陪我跑步 | B2：陪我学习

帮你说得明明白白

有的时候，老师一问问题，你的脑袋是不是就像被施了魔法一样，想法满天飞，却不知道该抓住哪个小精灵先开口。

其实，这个时候小嗯可以试试用 2W1H 这个超级好用的框架来组织思路：

- 先来个震撼开场，大声说出你的"What"——"是什么？我的梦想是飞向宇宙，成为一名优秀的宇航员！"

- 接着，挖挖你的内心小宇宙，讲讲"Why"——"为什么呢？因为星星太美，太空太神秘，我超想探索未知，成为第一个在火星种土豆的地球小孩！"

- 最后，亮出你的行动计划，"How"——"怎么做？我会努力学习科学知识，锻炼身体，还要参加各种航天训练营，一步步靠近我的星辰大海梦！"

看，这样一说，是不是既清晰又有趣，让人一听就懂，还忍不住想给你鼓掌加油呢？

帮你成为记忆小超人

瞧一瞧，咱们的大脑可是个超级神奇的宝藏库，里面藏满了各种各样的信息和知识宝石。每当需要的时候，它就会像最厉害的探险家一样，迅速找到并挖出那些闪闪发光的宝石。

你知道吗？那些我们经常用、特别熟的信息宝石，就像是放在宝藏库门口最显眼位置的宝贝，一找就能找到，用起来十分顺手。

所以，如果我们能把新学到的知识宝石，按照它们的类别和特点，整整齐齐地分类放好，大脑就会觉得这些宝石特别熟悉、特别重要，然后把它们也放到那个"常用区"。这样一来，下次再用的时候，你就能像变魔术一样，"嗖"的一下就把它们找出来啦。

用这种方法记忆，不管是学习还是生活，你都能变成那个记忆力超群、反应快如闪电的小天才。

哎呀，要英语考试了，这么多单词怎么记得住啊？

姐姐，你得帮帮我，我记不住这么多单词！

别担心，小嗯。你可以试试分类记忆法。

哇，这样看起来真的简单多了！谢谢姐姐！

你看，我们可以把单词按主题分类。比如这个"apple"属于食物，就放在"食物"类；而"dog"属于动物，就归到"动物"类。

慧文老师有话说：结构化表达的优点

结构化表达好在哪里？

- 帮你想清楚
- 帮你说明白
- 让你和听众记得住

言值提升站——校园辩论赛的智慧火花

一年一度的校园辩论赛即将拉开帷幕。这次辩论的主题是"网络社交对青少年是利大于弊还是弊大于利",吸引了众多学生的关注和参与。小嗯所在的"语锋无敌队"和妙言所在的"思辨先锋队"都在积极准备。现在让我们到赛场上看看两支队伍的表现吧。

场景一:缺乏结构化思维与换位思考的"语锋无敌队"

大家准备的资料都好全面啊,可是……我们得想办法把这些整理得更有条理才行!

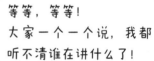

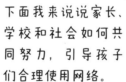

下面我来说说家长、学校和社会如何共同努力，引导孩子们合理使用网络。

思辨先锋队

最终，妙言所在的"思辨先锋队"凭借其严谨的结构化论证和到位的换位思考，赢得了辩论赛的冠军。

慧文老师有话说： "思辨先锋队"为什么赢了？

结构化思维	+	换位思考	=	在表达中绽放出智慧的光芒
帮助我们清晰地组织信息，使表达更有条理		让我们更好地理解对方，找到共鸣点，从而更有效地传达自己的观点		让我们在写作文、回答问题、参加面试、参加辩论赛、演讲等各种书面和口头表达场景中有精彩的表现

1. 审题大侦探

拿到作文题，别急，先做个"慢动作"。默读几遍，像侦探一样，把题目里的关键词一个个揪出来，写在纸上。这些词就是你的"寻宝地图"，帮你找到构思文章的方向，别让它们溜走了哦！

2. 主题定位仪

接下来，做个"心灵导航"，想想你最想告诉大家的核心思想或观点是什么。这个，就是你的文章的"灵魂宝石"。它会让你的文章闪闪发光，让读者一读就懂你的心声，记得要把它捧在手心，贯穿全文。

3. 构思魔法图

现在，轮到"创意魔法"了。拿出草稿纸，画个酷炫的思维导图，就像搭建你的文字城堡。先来个吸引人的开头，让读者一进门就眼前一亮；然后，把中间的要点当作宝藏一样，一个个埋好，记得要逻辑清晰，别让读者迷路；最后，来个精彩的结尾，像放烟花一样，在读者心中留下绚烂的印象。这样，你的文章就完美啦！

说话锦囊

1. 内心小剧场

说话前，先在心里开个"小剧场"，把想说的话预演一遍。就像排练戏剧一样，确保每个字都清晰，每个意思都明确。这样，当你开口时，就像演员上台，自信满满，说的话直击人心。

2. 直击要害箭

别绕弯子啦，直接说出你的"大招"——主要观点。就像射箭一样，瞄准靶心，一箭射出，让听众一听就抓住重点。这样说话，简洁明了，让人一听就懂，你就是那个"一语中的"高手。

3. 逻辑小火车

说话也要有条理，就像驾驶一列小火车，先规划好路线，再出发。先说什么，后说什么，心里要有个清晰的"时刻表"。这样，听众就能像乘客一样，跟着你的思路，一路顺畅，不会迷路。你就是那个"思维导图"大师，带领大家畅游话语的世界。

结构化表达的趣味闯关

一、单项选择题

1. 结构化表达可以帮助我们做到以下哪一点？

    A. 让说话更加冗长复杂

    B. 让说话更加简洁明了

    C. 让说话更加混乱无章

    D. 让说话更加难以理解

2. 在信息爆炸的时代，结构化表达的作用是什么？

    A. 让信息更加混乱

    B. 让信息更难被理解

    C. 让信息更难被记住

    D. 让信息更清晰、更突出

二、判断改错题

1. 使用结构化表达时，只需要考虑自己的想法，不需要考虑听众的感受。

2. 在结构化表达的金字塔结构中，塔尖是细节内容，塔底是核心观点。

三、作文题

请以"我的一次结构化表达尝试"为题写一篇作文，要求：

1. 回忆一次你在生活中（如课堂发言、讲故事、写作文等）尝试使用结构化表达的经历。

2. 用结构化思维组织你的作文，包括开头、中间段落和结尾，确保内容清晰、有条理。

3. 字数不少于 300 字。

参考答案

一、单项选择题

1. 答案：B

   解析：结构化表达能够帮助我们说话有条理、有重点，让人一听就懂，一记就牢。

2. 答案：D

   解析：在信息爆炸的时代，结构化表达可以帮助我们在最短的时间内，用清晰、简洁、有力的话语直达人心。

二、判断改错题

1. 答案：错误。

   改错：结构化表达需要考虑听众的感受，通过换位思考来选择适合他们的表达方式。

2. 答案：错误。

   改错：结构化表达的金字塔结构中，塔尖是核心观点，塔底是支撑核心观点的细节内容。

三、作文题

提示：

1. 建议参考第1章中提到的结构化表达方法，如"实验目的—步骤—结论""金字塔结构"等。

2. 写作时要先列出提纲，再动笔。

结构化表达，就像玩转乐高世界一样，你手握四大神奇法宝——主题明确、逻辑清晰、分类合理、以上统下，把你的奇思妙想一块块精心搭建起来，让它们变得井井有条，一目了然。瞧，这些想法组合在一起，就能变成梦幻城堡。结构化表达，让你的脑洞大开，让想法也变得这么酷炫，这么吸引人。

第 2 章
四大法宝在手，
让你能说会写

法宝一：主题就像灯塔，照亮你的方向

主题明确，不迷路

想象一下，你去大海上探险，如果有一座明亮的灯塔，你就知道该往哪儿走。结构化表达提示我们要先说最重要的结论，让人一听就明白你要讲的主题是什么。

所以，无论是写作还是演讲，甚至是日常的交流，明确主题都是非常重要的。它能帮助你更好地组织自己的思想，也让别人更容易理解你想要传达的信息。记住，好的表达，总是从一个清晰的主题开始的。

主题明确不是结论先行，小心别搞混

主题明确要求先用一句凝练、清晰、易懂的话概括信息的全貌，那么主题明确是不是意味着一开始就先说结论呢？

要解开这个谜团，你得用上我之前送给你的神奇工具——"换位镜"。戴上它，你会更加关注别人的感受，更多思考别人想听什么，而不是自己想说什么。那么什么时候别人不会想先听到结论呢？

现在让我们一起来一次穿越，看看神医扁鹊和蔡桓公的那次传奇相遇。思考一下，扁鹊明明一见蔡桓公，就说出了自己的准确判断："嘿，你有病，得治！"那么为什么扁鹊最终还是没有能够救得了蔡桓公呢？

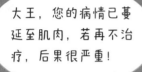

显然，扁鹊那次没能掏出我们的超级神器——"换位镜"。结果呢？他就像直接朝蔡桓公扔了个大炸弹，炸得人家心情全无，还惹来了抵触的小火苗。要知道，直接来硬的，可没法赢得别人的心哦！

　　那么，扁鹊怎样才能成为善解人意的"沟通小能手"呢？嘿，关键来了！他得先像魔术师一样，变出点轻松愉快的开场白，比如聊聊蔡桓公的工作、齐国如何被蔡桓公治理得政通人和。这样一来，氛围就变得温馨又友好。

　　接下来，就是考验扁鹊"见机行事"本领的时候了。他得找个蔡桓公心情正好、最听得进去建议的那一刻，然后，用温柔得像春风一样的语气，悄悄地把那个不太好的消息带出来。就像是在甜蜜的棉花糖里藏了一颗小小的苦果，虽然有点苦，但因为外面裹着糖，吃起来也就没那么难接受了。

　　好啦，现在让我们重新演绎《扁鹊见蔡桓公》的故事，看扁鹊如何用他的智慧，把原本可能引起的风暴，变成一场和风细雨的贴心对话，轻松达到沟通的小目标。

所以，主题明确可不是说非得把结论像大炮一样"轰"地一下打出去哦！

特别是当你要说的事情会让对方不开心，或者对方可能会举手反对的时候，一上来就亮出结论，那会让对方措手不及，会让对方心里"咯噔"一下，接着就是满满的抵触情绪啦。

就像你想让小伙伴尝一尝一种新口味的果汁，但你知道它有点酸，如果直接说："嘿，这果汁超酸，你尝尝！"小伙伴可能一听就摇头了。但如果你先聊聊果汁的漂亮颜色，再慢慢提到那点点酸味，在酸甜之间搭了个小桥，小伙伴说不定就愿意鼓起勇气尝一尝了呢！

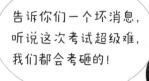

告诉你们一个坏消息，听说这次考试超级难，我们都会考砸的！

哎，看来这次又要被爸爸妈妈批评了。

真的吗？那我肯定考不好了。

那是你表达的方式不对，下次我来给你示范一下。

姐姐，我今天告诉同学们这次考试会超级难，是想提醒大家认真准备，可是大家变得很紧张，我没有想到会是这种效果，早知道就不告诉他们了。

你们知道吗？最近上映的动画片真好看，我都忍不住想二刷了。

不过话说回来，听说这次考试有点难哦。

哈 哈 哈 哈

慧文老师有话说：如何传递负面信息

先说积极的信息

聊天破冰

适当赞美

获取信任

让听众有积极
的心态 → 择机提出负面的信息 → 提出解决方案

法宝二：逻辑小火车，"呜呜呜"开动啦

从普通到特别，演绎你的炫酷观点

想象一下，你是一位神奇的魔法师，用两个已知的魔法咒语（大前提和小前提），轻轻一挥魔杖，"噗啦"一下，就变出了一个全新的、闪闪发光的结论，这就是演绎推理的第一种形式——三段论。

第二种是按照 What-Why-How 的框架组织信息，这就像是在玩一场解决问题的"寻宝游戏"。

- What（神秘宝藏是什么）：首先，你得瞪大眼睛，四处张望，找出那个隐藏的"神秘宝藏"——也就是问题到底是什么。它可能躲在角落里，也可能就在你眼前，就看你能不能发现。

- Why（宝藏的地图）：其次，找到宝藏后，别急着打开，先像个超级侦探一样，仔细研究一下这张"宝藏的地图"——问题的原因。一步步追踪，揭开谜团，找出让宝藏出现的神秘力量。

- How（开启宝藏的钥匙）：最后，当你手握"开启宝藏的钥匙"——解决方案时，那一刻的兴奋简直无法形容。用你的智慧和勇气，打败难题，让世界看到你的精彩。

从现象到规律，找到智慧的宝藏

使用归纳推理，你就摇身一变，成为超级侦探，在好多五颜六色、各式各样的线索中，找出它们藏着的共同秘密，然后大喊一声："啊哈！我发现了！"得出一个简单又明了的结论。

想象一下，你是一个天气小侦探，每天早上都睁大眼睛观察天气。哎哟，这几天早上怎么都像被冰雪女王轻轻摸了一下，冷飕飕的呢？于是，你脑袋一转，得出了结论："这几天早上都比较冷"，就像找到了天气的秘密开关一样。

再比如，在学校里，你变成了一个吃货小侦探，发现班上的几个小伙伴，每当课间休息时，就偷偷摸摸地从书包里掏出小零食来啃。你嘴角一扬，心里有了数："嘿嘿，我们班上有些同学可是不折不扣的'零食控'"。

而且，使用归纳推理还有三个超酷的工具箱：

时间顺序工具箱，帮你顺着时间一步一步找线索；

结构顺序工具箱，让你看清楚每个线索是怎么搭起来的；

重要性顺序工具箱，帮你找出哪些线索是超级重要的。

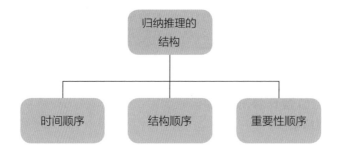

● 时间顺序

想要把事情讲得像电影一样流畅，这个绝招就是：跟着时间的节拍走。就像是我们在聊天时提到的"去年那场大雪天""这个月的新奇发现""上周五下午的惊险一刻"，还有"从前那些美好的日子""现在正发生的奇妙"和"未来充满无限可能的明天"，这些时间的小精灵，就像是故事的指挥官，把每一幕、每一刻都排得井井有条、精彩纷呈。

以后你要想做一个有趣又实用的学习计划，也可以按照时间顺序绘制表格，并且在这张表格上规划你的学习之旅。

一周学习计划表

TIME	星期一	星期二	星期三	星期四	星期五	星期六	星期日
08:00-10:00							
10:00-12:00							
14:00-16:00							
16:00-17:00							
17:00-18:00							
19:30-21:00							
21:00-22:00							

备忘事项		学习奖励	

- **结构顺序**

结构顺序，就是按照事情的部分或者步骤来排列。结构顺序就像是拼图的说明书，告诉你怎么一步步地把这些小块组合起来，比如先拼底座，再拼柱子，最后拼屋顶。

当我们玩起归纳推理的游戏，就像探险家一样，把复杂的事物一块块拆解，再按照从外到内、从上到下、从整体到局部的顺序加以组装，这样就更容易看出它们之间的关系。比如，你在描述你心中的超级英雄时，先从那顶炫酷的头盔说起，头盔闪耀着正义的光芒；接着是坚不可摧的盔甲，每一块都散发着力量的气息；最后是那隆起的强壮肌肉，彰显着无畏的勇气——这就是按照超级英雄的身体构成一步步搭建起他威武形象的秘密。

- **重要性顺序**

重要性顺序，就是按照事情的重要程度来排列。比如，你放学回家后，先做作业，因为作业很重要；然后再玩游戏，因为游戏虽然好玩，但不如作业重要。这就是按照重要性顺序来做事。

慧文老师有话说：如何让你的表达更有条理

演绎推理 （从一般到特殊）	三段论	大前提 → 小前提 → 结论
	2W1H	是什么 → 为什么 → 怎么办
归纳推理 （从现象到规律）	时间顺序	
	结构顺序	
	重要性顺序	

法宝三：分类小能手，轻松整理你的思绪

MECE 魔法：让你的想法不重叠、不遗漏

要想清晰分类，有个超酷的秘诀，叫作 MECE 原则。MECE 就是"相互独立、完全穷尽"的意思。

"相互独立"就是说，你在分类的时候，每个部分都要有自己的小天地，它们之间不能重叠，也不能混在一起。就像你把彩色笔分开，红色笔、蓝色笔、绿色笔，每种颜色的笔都有自己的家，不会混在一起。

"完全穷尽"就是说在你分类的时候，要把所有相关的事物都考虑进去，一个都不能少。比如，你想分类水果，那就得把苹果、香蕉、橙子这些全都算上，不能漏掉任何一个。

举个例子，假如你要整理书包里的书和文具，按照 MECE 原则，先分类书本：数学书、语文书、英语书，它们相互独立；然后再分类文具：铅笔、橡皮、尺子，也是相互独立的。最后，你检查一遍，发现所有东西都分类好了，没有遗漏，这就是完全穷尽。

　　怎么样，MECE 原则是不是很有趣也很有用呢？以后你分类任何东西，都可以用这个原则，它让你的分类变得超级清晰。

玩转 MECE 原则，让你的思维变得更有条理

　　如何玩转 MECE 原则呢？你可以应用思维导图，我们看看妙言是怎么做的。

言值提升站——妙言用 MECE 原则
总结如何成为超酷的班长

围绕着如何成为超酷的班长，妙言和朋友小花一起讨论出了很多结论，包括：

1. 会鼓励人；

2. 做事公平公正；

3. 解决问题能力强；

4. 有自己的想法；

5. 能让吵架的朋友和好；

6. 让每个同学都能发光发热；

7. 说话做事都很有风度；

8. 让人觉得亲切；

9. 会聊天；

10. 能看到大局；

11. 坚持原则但也会灵活变通；

12. 有明确的目标；

13. 看起来就让人信服；

14. 快速做出决策；

15. 做决定很果断。

哎呀，这么多条，头都大了！到底该重点抓哪几个方面呢？

妙言拍了拍脑袋，想起了 MECE 原则，按照这个原则她画出了思维导图。

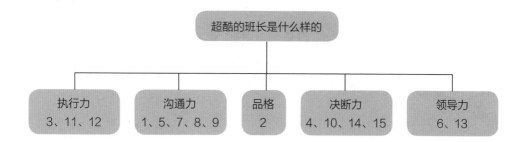

你看，用神奇的思维导图轻轻一挥手，这些乱糟糟的条目就像被施了魔法，"嗖"地一下，整齐划一地飞进了五个色彩斑斓的神奇宝盒里。现在，是不是感觉眼前豁然开朗，难题瞬间变得像小游戏一样简单有趣？

而且，妙言再用 MECE 原则的标准检查图里面的分类，发现"说话做事都很有风度"其实已经包括了"会聊天"的意思，不符合"相互独立"的标准，所以这两项可以合并。

 慧文老师有话说：如何进行清晰分类

清晰分类 ＝ 相互独立 ＋ 完全穷尽

↑

工具：思维导图

法宝四：观点与理由手拉手，好朋友一起走

观点在上，理由在下，帮你找到提分秘籍

信息的世界就像一座金字塔，塔尖的那一层，就像是智慧的指挥官，简洁有力地概括了下面的精彩。而底层呢，就是那些忠心耿耿的士兵，用丰富的细节和实例，稳稳地撑起上面的每一个观点。这样，金字塔不仅稳固如山，你的话语也变得井井有条，十分吸引人。

上下层之间有时是因果关系的紧密相连，比如"因为……所以……"的逻辑链；有时则是从属关系的明确分工，就像队长和队员一样，每层都直接对上一层负责。

小嗯，这次考试分数下降了，你觉得是什么原因呢？

我最近玩游戏时间太多了……而且上课时也经常心不在焉。

还有其他原因吗？

有几次没有按时完成作业，另外考试那天刚好感冒了，头脑有点不清楚。

　　在慧文老师的启发下，小嗯针对这次考试不理想的情况进行了分析，然后画出了思维导图进行总结，这样可以按照"以上统下"的原则把一个问题进行分解，找到背后的原因。

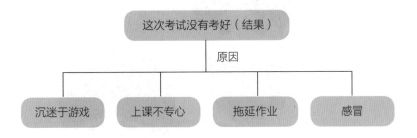

　　因此，无论是聊天还是写作文，试着先找出一个总结句，然后动手画一张思维导图，把你的思路像探险地图一样展开，围绕你的结论，一步步揭秘它是如何得出的。这样一来，老师和小伙伴们就能一目了然啦。

观点加理由，轻松搞定作文框架

想象一下，当你想要分享一个独特的想法时，每一层都像是城堡中的台阶，一级级往上，每一层都完美支撑着上一层的内容。这就像是在玩"逻辑接龙"游戏，每个想法都不是孤单的，它们都有坚实的后盾作为依靠。这样一来，你的每个观点都像是装备了具备超级说服力的魔法，让听众们轻松地跟上你的思路，更愿意拥抱你的奇妙想法。

这篇作文该怎么写呢？
嗯……对了！
我可以用最近学到的"以上统下"原则来构思。

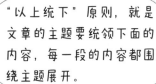

"以上统下"原则，就是文章的主题要统领下面的内容，每一段的内容都围绕主题展开。

哈哈，有了！我就写"我的课余生活——探索科学的奇妙之旅"，这个主题既能体现我的课余生活，又能展示我对科学的探索。

妙言按照"以上统下"的原则画出了写作文的思维导图，有了这个清晰的框架，她胸有成竹地开始写了起来。

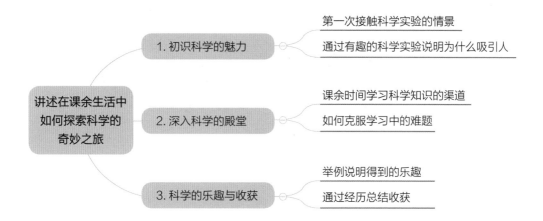

讲述在课余生活中如何探索科学的奇妙之旅
- 1. 初识科学的魅力
  - 第一次接触科学实验的情景
  - 通过有趣的科学实验说明为什么吸引人
- 2. 深入科学的殿堂
  - 课余时间学习科学知识的渠道
  - 如何克服学习中的难题
- 3. 科学的乐趣与收获
  - 举例说明得到的乐趣
  - 通过经历总结收获

 慧文老师有话说：如何组织作文的思路

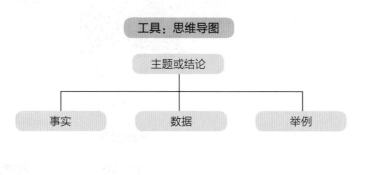

工具：思维导图

主题或结论

事实　　数据　　举例

言值提升站
——校园里的演讲大赛

学校最近有个以保护地球生态环境为主题的演讲比赛，小嗯准备参加，他想通过演讲向大家分享如何保护森林家园。

小嗯准备了一个星期，想找姐姐妙言帮他参谋一下，看看这样讲是否足够精彩。

这次我要让大家都听到我的声音，了解保护森林的重要性！

妙言姐姐，我准备好了，你听听我这样讲可以吗？

森林里的松果真好吃，啊，还有那些可爱的小动物……

我们要保护森林，啊，对了，我上次在森林里迷路了……
还有，多种树很重要。呃，你们知道森林里的那个传说吗？

小嗯的演讲怎么就像布满迷雾的森林，让听众们晕头转向呢？

手握我们这一章学习的四大神奇法宝，一步步探秘，你就会揭开小嗯演讲的"迷雾面纱"：

- 迷失主题：小嗯的演讲就像一场没有地图的探险，东一榔头西一棒槌，精彩片段虽多，却缺少那根串起珍珠的线——明确的主题或中心思想。听众们听完，满脑子都是碎片化的奇遇，却找不到归途。

- 逻辑迷宫：说到为什么要保护森林时，小嗯一会儿说森林里有很多小动物，一会儿又讲起自己上次迷路的经历；提到环保措施时，先是说要多种树，然后又突然说起了森林里的传说故事，让人不知所云。

- 分类混乱：在尝试提出解决方案时，小嗯把个人、社区、政府的行动混为一谈，没有清晰的分类，让听众感到混乱，不知道应该先从哪里做起。

在妙言的帮助下，小嗯终于打造出了条理清晰的演讲稿，勇敢地踏上了学校演讲比赛的舞台，准备开启一场精彩绝伦的演讲之旅。

这些问题的根源在于我们的行为。但是，我们可以从垃圾分类、植树造林和教育宣传等方面着手解决。

我们每个人都可以从自己做起，比如做好垃圾分类；
同时，我们也需要社区的合作和政府的支持，共同为守护森林出一份力！

个人行动　　　社区合作　　　政府支持

姐姐，谢谢你的帮助！这次我终于知道该怎样用好结构化表达了！

恭喜你获得冠军，小嗯！你做得太棒了！

你有没有发现，小嗯这次能像超级英雄一样轻松胜出，全靠妙言帮他完美掌握了结构化表达的四大神奇法宝，用一场主题鲜明、条理清晰、重点突出的演讲，深深打动了每一位听众的心！

- 主题明确：小嗯一登上舞台，就像点亮了导航灯塔，清晰而响亮地宣布了他的演讲主题——"共建绿色家园，守护我们的森林"。这个主题就像一颗璀璨的明珠，照亮了整个演讲的航道。

- 逻辑清晰：紧接着，小嗯化身为侦探，带着大家按照"问题－原因－解决方案"的线索一步步深入。他先揭示了森林面临的污染和破坏问题，就像揭开了神秘案件的面纱；然后，他像侦探分析案情一样，剖析了问题的根源，如人类活动、环保意识的缺失等；最后，他提出了具体的解决方案，比如垃圾分类、植树造林、教育宣传等，就像为案件找到了完美的破解方法。

- 分类合理：在讲述解决方案时，小嗯又变成了魔法师，巧妙地将措施分为"个人行动""社区合作"和"政府支持"三个魔法盒。每个魔法盒里都藏着具体可行的做法，让听众一听就明白自己该如何施展魔法，为保护森林贡献一分力量。

- 以上统下：整个演讲过程中，小嗯始终围绕"保护森林"这一核心主题，就像一棵大树的主干。每个部分都紧密相连，层层递进，最终汇聚成"我们每个人都是森林守护者"的强音，让听众们仿佛置身于茂密的森林中，深受鼓舞，心潮澎湃。

慧文老师有话说：学好四大法宝的重要性

结构化表达四大法宝
- 主题明确
- 逻辑清晰
- 分类合理
- 以上统下

有效传递信息，赢得理解和支持

1. 文章大构图

你的文章就像是一座等待探索的神秘乐园。你可以先画一个简单的结构图，确定好文章的"游览路线"。是选择"总分总"的经典路线，让大家一开始就对全局有个了解，然后分区域深入探索，最后再来个精彩的回顾总结？还是采用"递进式"，一步步带领读者深入，让他们跟着你的脚步，越走越觉得惊喜连连？画好这个结构图，你的文章就有了坚实的"骨架"，内容自然也会更加有条理啦！

2. 段落小队长

接下来，我们要给每个段落都选出一个"小队长"。这个小队长就是段落的中心思想，它要在一开始就站出来，大声告诉读者："这一段，我们要一起探险的主题是……"然后，你就跟着这个小队长，用各种有趣的细节、生动的例子或者有力的证据来丰富这个段落，就像给小队长的冒险故事添上五彩斑斓的装饰。别忘了，在段落结尾时，要么给小队长来个总结，要么巧妙地引出下一段的小队长，让读者们迫不及待想要继续探索下去。

3. 证据大展示（特别适用于议论文）

如果你写的是议论文，那就更要记得，你的观点要像灯塔一样明亮！告诉读者："我站在这里，因为这些强有力的证据支持我！"接下来，就是你的"证据大展示"时间了！把你搜集的事实、数据、生动的例子，甚至是那些让人拍案叫绝的名言警句统统拿出来，为你的观点加油打气。这样，你的观点不仅会站得住脚，还会变得极有说服力，让读者们不得不信服。

1. 秒变归纳总结小达人

在30秒或1分钟内告诉大家你想说啥，是不是觉得有点挑战？但其实，这正是锻炼你归纳总结能力的好机会。试试在这个时间内，把你想说的内容精简再精简，只留下最重要的。这样，当你正式表达的时候，你就会更加自信，每个观点都能被你说得既精简又完整。

2. 温柔传递负面信息的魔法

有时候，当我们得说一些不那么好听的话，你可以试试先用一些正面的内容来"暖场"，就像给听众披上一件温暖的小外套。然后，再委婉地引出那个不那么好的消息。别忘了，最好还能给出一些解决问题的建议或者方案，这样大家就不会觉得那么难受了。就像吃一颗苦药丸，但外面包着一层甜甜的糖衣，是不是就容易接受多了呢？

3. 观点小列车，有序不重叠

说话时，想让你的观点更加清晰有条理吗？试试按照"第一、第二、第三"的方式来组织吧！就像开着一列小火车，每个车厢里装着一个观点。而且，别忘了检查这些观点是不是都紧紧围绕着你的主题，有没有哪个车厢"跑偏"了，或者跟其他车厢"撞车"了。这样，你的听众就能轻松地跟着你的思路，一路畅游到底，不会迷路也不会觉得混乱啦！

结构化表达的趣味闯关

一、单项选择题

1. 结构化表达中的"主题明确"就像什么?

    A. 一列火车的车厢

    B. 海上的灯塔

    C. 一个杂乱的书包

    D. 一盘散沙

2. 在结构化表达中,"MECE魔法"的意思是什么?

    A. 相互重叠,完全穷尽

    B. 相互独立,完全穷尽

    C. 相互独立,部分穷尽

    D. 相互重叠,部分穷尽

二、判断改错题

1. 在表达时,主题明确就是要一开始就直接说出结论。

2. 在逻辑推进中,演绎推理是从具体现象到一般规律的推理过程。

三、作文题

请你以"我的超级计划"为主题写一篇作文,要求:

1. 假设你有一个非常重要的目标,比如参加一场竞赛、完成一个项目,或者实现一个梦想。请描述你为实现这个目标所制订的计划。

2. 在写作时,运用以下技巧:

    主题明确:开篇清晰地说明你的目标是什么。

逻辑清晰：按照"问题—原因—解决方案"的逻辑顺序展开，比如"为什么我想实现这个目标——实现目标需要解决的问题——我的具体计划"。

分类合理：将计划分成几个部分，比如"学习计划""资源准备""时间安排"等，确保每个部分都清晰、不重叠。

以上统下：每个部分都要围绕你的目标展开，确保所有内容都服务于你的主题。

参考答案

一、单项选择题

1. 答案：B
   解析：主题明确就像海上的灯塔，照亮你表达的方向，让听众或读者知道你要传达的核心内容。

2. 答案：B
   解析：MECE魔法的意思是"相互独立、完全穷尽"，即分类时不重叠、不遗漏。

二、判断改错题

1. 答案：错误。
   改错：主题明确是用一句简洁的话概括你要表达的核心内容，但并不一定是直接说结论。有时候需要根据听众的感受，先铺垫再引出主题。

2. 答案：错误。
   改错：演绎推理是从一般规律到具体现象的推理过程，而归纳推理才是从具体现象到一般规律的过程。

三、作文题

提示：

1. 你可以选择一个你真正感兴趣的目标，比如"我的读书计划""我的环保行动"或"我的运动挑战"。

2. 用清晰的结构和逻辑让读者明白你是如何一步步实现目标的。

3. 最后总结一下你对这个计划的信心和期待。

想要说话超有范儿，得先变身"听众分析师"，想想他们爱啥、烦啥、小脑瓜里转悠些啥，还要摸清他们的思考套路，跟上他们的节奏，这样一来，你说的话就能像箭一样，"嗖嗖"地射进他们的心里，让他们听得过瘾。

第 3 章
懂你，小伙伴的心

3.1 给小伙伴画像，画出他们的心声

想要抓住小伙伴的心，让他们觉得你说的话超级对，关键就在于用他们喜欢的方式来传递信息。想象一下，如果你要给好朋友挑选一份特别的礼物，那你得悄悄打探他们的小心思，搞清楚他们到底钟情于啥，这样才能选到让他们眼睛一亮的宝贝。

小伙伴喜欢啥？投其所好很重要

每个小伙伴都是独一无二的，他们的爱好和兴趣也是独特的。比如，你可能是个巧克力控，一见到巧克力就迈不开腿，而你的小伙伴呢，可能是个辣条达人，一提到辣条就口水直流。所以，在开启话匣子之前，你得好好打探打探，你的小伙伴喜欢什么？他们对你要聊的话题，是举双手赞成，还是摇头晃脑反对？或者是摸摸下巴保持中立？这样一来，你就能调整自己的话语节奏，把话题调到他们最感兴趣的方向上。

他们的知识面有多广？该怎么跟他们聊天？

想象一下，你现在正面对着一个充满好奇的外星人，准备向他炫耀我们地球上的绝世美食——麻辣烫！你会直接冲口而出"麻辣烫，简直美味到爆炸"吗？还是打算慢慢细说，从什么是麻辣烫开始，再到那火辣辣的口感为什么会让人欲罢不能？

这可得看你这位外星朋友对咱们地球美食的了解有多少啦！如果他是个走遍宇宙、尝遍美食的"星际美食家"，那你随便一提，他可能就已经双眼放光、迫不及待想品尝了。但如果他是一个对地球美食一窍不通的"外星小白"，那你就得耐心地当个导游，带他一步步领略麻辣烫的魅力。

所以，每次你想分享点什么的时候，一定要先琢磨你的听众是谁，他们对这个话题了解多少。这样，你才能找到最对味的"语言调料"，把你的故事煮得香喷喷的，让人一听就懂。就像给外星人介绍麻辣烫一样，要循序渐进，这样一来，你的话语就能像麻辣烫一样，既抓耳又抓心，让人回味无穷啦！

记住，好的表达不仅仅是说话，更是一种让听众轻松理解、感同身受的艺术！

咦？怎么大家都走了？难道我讲的故事不精彩吗？

啊，我明白了！我说了太多专业词汇，难怪大家听不懂。

想象一下，那个球员就像超人一样，飞起一脚，球就像火箭一样射进了球门！这样说，你们明白了吧？

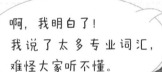

他们最关心什么？说到他们的心坎上

要想让你的话语拥有魔力，能深深打动别人的心，那你得向那些拥有传奇经历的探险家取经。你知道他们为什么总是能发现那些深藏不露的宝藏吗？那是因为在出发探险之前，他们会对着宝藏地图和神秘线索，一遍又一遍地琢磨。说话这门艺术，跟寻宝探险其实差不多。

想象一下，想要你的话语像锋利的箭一样，直射入听众的心扉，那你就得先摸透他们的"心灵藏宝图"——换句话说，就是得搞清楚他们最热衷、最感兴趣的话题是什么。

比如说，你在跟朋友们闲聊的时候，要是谈起了他们正痴迷的热门游戏，或是那部让他们欲罢不能的超燃动漫，他们的双眼是不是立马就会闪烁兴奋的光芒，像两颗小星星一样？反过来，如果你叽里呱啦说了一大堆他们压根儿不感兴趣的东西，他们可能早就听得云里雾里，心里开始琢磨别的事儿了。

所以，下次准备开口之前，不妨先当个心灵小侦探，去探寻一下对方内心的秘密花园，看看他们最在意、最感兴趣的东西到底是什么。然后，你就可以用你的话语，像施展魔法一样，把他们的注意力全都吸引过来，让他们全神贯注地听你说话。这样一来，你不仅能让对方觉得你是个超级贴心、超级懂他们的小伙伴，还能让你的话语像一颗颗神奇的种子，深深扎根在他们的心田里，最终绽放出绚烂的理解和共鸣之花。

美国第 16 任总统林肯曾经说："当我说话时，花三分之二的时间琢磨人们想听什么，只花三分之一的时间考虑我想说什么。"琢磨人们想听什么就是考虑听众的偏好、知识面和需求。

 慧文老师有话说：如何给听众画像

听众偏好什么？

听众知识面如何？

听众最关心什么？

3.2 跟着小伙伴的节奏，一起摇摆

你是怎么做出决定的呢？

现在，闭上你的眼睛，想象一下这个场景：在你的日常生活和学习之旅中，你是怎样掌舵航行，做出选择的呢？

比如，明天有一场惊心动魄的数学考试正等着你，但现在你的小伙伴们邀请你去球场一展篮球技艺。哎呀，这时你的脑海里就像开了一场辩论会。有个声音焦急地说："别忘了，明天的数学考试可是重中之重，你得埋头苦读啊！"但另有一个声音在诱惑着："嘿，打篮球多有趣，是时候放飞自我、尽情享受了！"

一边是紧张的考试，一边是快乐地打篮球，我该怎么选择呢？

我又想打篮球，又想复习数学，该如何安排时间呢？这真是个大问题啊！

这可怎么办呢？别担心，此时，你要化身为一位明智的"裁判"，倾听两边的争论，然后一锤定音，做出最明智的选择。你可以这样合计："数学考试固然不能忽视，但身体和精神的放松也同样关键。这样吧，我先苦读一个小时，将知识点牢牢掌握，然后再去球场与小伙伴们并肩作战。"

　　你看，做决定就是这样一场刺激的冒险旅程，像是在天平两端放上不同的砝码，权衡轻重。我们不仅被眼前的诱惑所吸引，也要着眼未来，思考每一个选择可能带来的连锁反应。另外，每个人的决定都是独一无二的，因为我们的生活经历、梦想和价值观都各不相同。

你得从妈妈最关心的问题出发。想一想，妈妈最关心这个事情的哪一方面？

姐姐，我该怎么说服妈妈呢？

妈妈，我知道你希望我在暑假能学到有用的东西。
在这个科技夏令营里可以学到很多编程和机器人的知识。

参加这个夏令营能提升我的科技素养，对未来的学习和个人发展都有帮助。
所以，你能支持我参加吗？

嗯，听起来确实是个不错的机会，我支持你！

按照小伙伴的思维方式，引导他们跟着你一起嗨

有时候，你有没有试过跟小伙伴聊天，却感觉像是在两个世界里对话，你好像在说外星语，他们听得一脸茫然？哈哈，这其实是因为，我们每个人的大脑都藏着一个神秘的"语言魔法频道"，就像是魔法电台一样。想要和小伙伴们心灵相通，就得找到那个魔法频率，调准它，才能开启无障碍的聊天模式。

来，闭上眼睛想象一下，你现在就像一个超级厉害的魔法舞者，轻轻一挥魔杖，就能带领听众们进入你的奇妙世界。你跳出的每一个舞步，都像是施展了一个魔法咒语，让听众们不由自主地跟着你的节奏摇摆。你的话语，就像那一粒粒闪闪发光的魔法粉尘，悄悄地飘进他们的心间，留下无法忘怀的印记。

嘿嘿，记住哦，想要成为一个真正的"语言魔法师"，就要学会寻找那把通往小伙伴们心灵的"魔法钥匙"。这样，你的每句话都会充满魔力，让每个听众都为你着迷，深深地被你打动！

言值提升站——空城计的故事

从前有个非常聪明的人叫诸葛亮。他是蜀汉的军师，总是帮助他的领导刘备打胜仗。

有一次，诸葛亮带领的军队只有 2500 人，但是他们要面对的是司马懿带领的 15 万大军。双方人数差距这么大，听起来好像是一场不可能赢的战斗，对吧？

诸葛亮想了一个超级聪明的计划。他命令所有的士兵都躲藏起来，不让敌人看到。然后，他大开城门，自己则坐在城楼上弹琴，表现得非常悠闲。

当司马懿的军队来到城下时，他们看到城门大开，诸葛亮还在弹琴，心里就开始犯嘀咕了。他们想："咦？这个诸葛亮是不是有什么诡计？为什么城门大开，

他还在弹琴呢？难道城里埋伏了很多士兵，准备攻击我们？"

　　司马懿是一个非常谨慎的人，他看到这种情况，就害怕城里有埋伏，所以他没有进攻，反而带着军队撤退了。

诸葛亮为什么能够成功地把强大的敌人吓跑呢？这是因为他非常了解敌人的思维方式。司马懿是个小心谨慎的人，所以诸葛亮就布置了一个看似空城的假象，让司马懿觉得有埋伏，从而达到了退敌的目的。

这就像我们平时和别人沟通一样。如果我们想让别人理解我们的想法，就需要按照他们的思维方式来说话。比如，你和一个喜欢听故事的小朋友说话，你就可以把你想说的事情编成一个有趣的小故事，这样他就更容易理解和接受了。

同时，我们还要学会引导听众的节奏。就像诸葛亮弹琴一样，他的琴声悠悠，给人一种平静和自信的感觉，这让司马懿更加怀疑城里有埋伏。我们在说话时，也要像弹琴一样，把握好节奏，让听众能够跟着我们的思路走，从而更好地理解我们的意思。

所以，当我们和别人沟通时，要记住像诸葛亮一样聪明，了解听众的思维方式，用他们喜欢的方式来说话，并且把握好说话的节奏。这样，我们就能更好地让别人理解我们，也能更好地解决问题哦！

 慧文老师有话说：如何顺应听众的思考习惯

顺应听众的思维方式　　按照听众喜欢的方式　　把握沟通节奏

获得听众的理解与支持，说服听众

3.3 说服力 MAX！让小伙伴秒变"点头族"

当你的脑海里闪现出一个绝妙的主意，或者渴望别人为你的点子喝彩时，你该如何施展话语的魔力，让听众频频点头，打心眼里赞同你呢？

你需要掌握以下几个超简单的秘诀。

投其所好，让小伙伴爱上你的想法

如果你想给小伙伴推荐一款新口味的糖果，得先了解他们喜欢什么口味，然后把你的糖果包装成他们最爱的样子。所以，每当你有个超棒的想法想要和大家分享时，别忘了先找找他们的"口味"，也就是兴趣点。接着，你就得施展你的"语言魔法"，让你的点子变得像他们最爱的那款糖果一样诱人。

说说坏处，让小伙伴知道不这么做的后果

有时候，光说好处可不够劲儿！你还得给听众绘声绘色地描绘一下，要是他们不按你的想法来，可能会碰到哪些糟心的事儿。这样一来，他们就会开始琢磨：哎呀，是不是得重新考虑考虑我的决定呀？这样，你的点子就更有机会讲到他们心坎儿上啦！

给两个选择，让小伙伴感觉自己在做主

当你直接跟别人说"你得这么做"时，他们可能会觉得被强迫了，心里不太舒服。但是，如果你换个方式，给他们两个听起来都挺棒的选择，他们就会觉得："哇，我可以自己选啊！"这样，他们就更愿意听你的话了。这不仅仅是因为他们觉得自己受到了尊重，更是因为他们觉得自己的意见得到了重视。所以，下次你想给别人提建议或者安排事情的时候，试试看给出两个不错的选择，让他们自己挑，这样沟通起来会更顺畅。

哈哈，有了！今天就给小嗯一个惊喜，让他自己选择早餐吧！

哇！妈妈，我可以自己选择吗？太棒了！

小嗯，今天你有两个选择哦，想吃牛奶麦片还是鸡蛋三明治？

夸夸小伙伴，让他们觉得自己超特别

你知道吗？其实，每个人的心里都住着一个爱听好话的小精灵哦！当你想要说服别人的时候，试试看先给他们送上几句赞美，让他们感觉自己就像个闪闪发光的明星。这样一来，他们肯定会觉得："哇，这个人这么夸我，那我得好好听听他接下来要说什么。"所以，夸夸别人可是个相当好用的法宝，能让你的说服力瞬间飙升。

小明，我有个超级棒的提议，想和你分享一下！

找到共同点，和小伙伴肩并肩

当你和别人聊天时，要是能找到大家都感兴趣的话题，那简直太棒了！你们的话匣子一下子就打开了，聊得火热，根本停不下来。就像你和朋友一起谈论那款超好玩的游戏，或者那部你们都超爱的动画片，是不是感觉彼此更亲近了呢？

说服别人其实也是这个道理。如果你能找出和听众的共同兴趣点，那就相当于找到了一把神奇的钥匙，能轻松打开他们的心扉。这样一来，你们之间的对话就变得超级有趣，充满互动。你说的话也就更容易打动他们，让他们觉得："哇，这个人真的很懂我，简直就是我的知音啊！"

所以，下次想要说服别人的时候，一定要记得先找找你们之间的共同点哦。这样，你的话语就会变得更加吸引人，更能深深打动听众的心。别忘了，找到共同点，就是让你的话语充满魔力的秘诀！

慧文老师有话说：如何说服你的听众

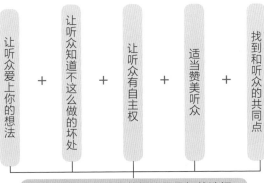

让听众爱上你的想法 + 让听众知道不这么做的坏处 + 让听众有自主权 + 适当赞美听众 + 找到和听众的共同点

让听众认为相信你的提议是最好的选择

言值提升站——妙言的说服之旅：与慧文老师的对话

妙言怀着紧张又期待的心情走进了慧文老师的办公室。她希望向慧文老师建议，今后在语文课上引入更多的文学创作活动。

嗯，这次一定要说服慧文老师！

慧文老师，您好，我有点想法想跟您说。

是吗？那你说吧。

你可以在课后或兴趣小组尝试这样的活动。但在正式的课堂上，我们还是要按教学计划进行。

看来我还需要更努力地学习和沟通，才能更好地表达自己的想法。

现在请你应用本章的知识点，想一想妙言为什么没有成功地劝说慧文老师接受她的建议呢？

慧文老师有话说：妙言为什么没有说服我？

没有回应我的顾虑	没有关注我的需求	方案不清晰
• 如何帮助大家掌握基础知识？ • 大家是否有兴趣？ • 大家是否有能力？	• 如何有效实现教学目标 • 如何探索新的教学方法	• 没有实施计划 • 缺乏实施步骤

妙言想明白后，过了几天又找到了慧文老师。

加油，妙言！
你一定能说服慧文老师的。

慧文老师，您好！
我有一些想法想和您分享，
希望能得到您的支持。

哦？是什么想法，
说来听听。

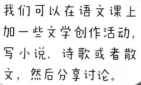

我们可以在语文课上加一些文学创作活动，写小说、诗歌或者散文，然后分享讨论。

课程已经很紧张了，再加入这些会不会影响基础知识学习？

其实，文学创作可以作为课堂知识的延伸。我们可以在课后安排，而且这样能更深入地理解和运用语文知识。

嗯，你说得有道理。那我们可以尝试一下。

看来大家都很喜欢文学创作活动，这一创新举措不仅激发了同学们的学习热情，还让你们在实践中更深入地理解了语文的魅力。

 慧文老师有话说：妙言为什么能够说服我？

解决了我的顾虑	关注我的需求	方案清晰
• 说明这个建议如何帮助大家掌握基础知识	• 让我意识到这个建议有利于实现教学目标 • 这也是在探索新的教学方法	• 有具体的实施计划和步骤

1. 从读者熟悉的地方出发

写作文要从大家都知道的、感兴趣的事情说起。先写点读者们熟悉或者容易理解的内容，比如学校里的趣事、周末的探险经历，这样大家读起来就会觉得特别亲切，好像你就在他们耳边讲故事一样。然后，再慢慢地带他们走进更深层、更精彩的世界，这样他们就不会觉得突兀，反而会更加好奇接下来会发生什么。

2. 提问小能手上线

在文章里提问，就像是在和读者玩"你问我答"的游戏。每当你抛出一个问题，读者的心里就会自然而然地产生好奇心，想要知道答案。所以，别忘了在文章中适时地提出问题。这样，读者就会不自觉地参与到你的故事中来，仿佛他们也是故事的一部分，文章也会因此变得更加生动有趣。

3. 紧扣中心，拒绝跑题

写文章就像画一幅画，每一笔都要围绕着中心思想。如果一会儿画这儿，一会儿画那儿，最后画出来的画可能就是一团糟啦！所以，在动笔之前，先想清楚你要表达的中心思想是什么，然后确保文章的每一个部分都紧紧围绕着它展开。那些和中心思想无关的细节，就像画上的小杂草，该剪掉就剪掉，别让它们影响了整幅画的美感。这样，读者在阅读的时候，就能一眼看出你的主要观点，更加清晰地理解你的故事啦。

说话锦囊

1. 像侦探一样，了解你的听众

良好的沟通更像是一场侦探游戏，你得先弄清楚你的听众是谁，他们喜欢啥，对你即将聊的话题知道多少，还有他们最想听你说什么。这样，当你开口时，就能直击他们的心坎，让他们觉得"哇，这人真懂我"！

2. 察言观色，做听众的贴心小棉袄

说话的时候，别忘了观察听众的面部表情和反应哦！他们是听得津津有味，还是一脸迷茫？如果看到他们有点困惑，那就放慢语速，多解释几句；如果他们听得很兴奋，那就加把劲，让气氛更热烈！这样，你的每一句话都能恰到好处地击中他们的心。

3. 赞美是沟通的魔法钥匙

想让别人更喜欢你，更愿意听你说话吗？那就试试赞美吧！开始对话时，先找个对方显而易见的优点，比如他们的衣服真好看，或者笑容特别温暖，然后真诚地、适度地夸一夸。记住，赞美要真心实意，别太过头，否则就显得虚伪了。这样，你的赞美就像一座桥梁，瞬间拉近了你和对方的距离，让他们更愿意敞开心扉和你交流。

结构化表达的趣味闯关

一、单项选择题

1. 当你想说服朋友做一件事时，以下哪种方式最有效？

   A. 直接告诉朋友必须做什么

   B. 只说这件事的好处，不提任何坏处

   C. 给朋友讲一个相关的小故事，让他们自己理解

   D. 告诉朋友不做这件事的后果

2. 如果你想让听众更好地理解你的话，应该怎么做？

   A. 用复杂的语言展示你的聪明

   B. 快速说完，节省时间

   C. 只说你自己感兴趣的内容

   D. 根据听众的知识水平调整说话内容

二、判断改错题

1. 说服别人时，只要一直夸赞对方，就一定能成功。

2. 和别人沟通时，不需要考虑对方的思维方式，只要按照自己的想法说就行。

三、作文题

假设你想说服家人或朋友做一件事（比如参加一个活动、尝试一种新的食物、改变一个习惯等），请写一篇作文，描述你会如何说服他们。作文题目自拟。

在写作时，尽可能运用以下技巧：

1. 了解对方：先描述你对对方性格、兴趣和思维方式的了解。

2. 提出理由：说明为什么这件事对他们有好处，或者不做会有什么后果。

3. 提供选择：给他们两个或多个选择，让他们觉得自己有决定权。

4. 拉近距离：找到和对方的共同点，或者用对方喜欢的方式表达。

字数不少于 300 字。

参考答案

一、单项选择题

1. 答案：C

   解析：讲故事的方式更容易让朋友理解，符合他们的思维方式，也更容易被接受。

2. 答案：D

   解析：根据听众的知识水平调整说话内容，能让听众更容易理解，避免让他们感到困惑。

二、判断改错题

1. 答案：错误。

   改错：虽然夸赞可以拉近关系，但说服别人还需要结合具体的情况和方法，比如找到共同点、提出合理的选择等。

2. 答案：错误。

   改错：沟通时需要考虑对方的思维方式，这样才能更好地让对方理解你的话，实现有效的沟通。

三、作文题

提示：

1. 你可以选择一个具体的情境，比如"说服妈妈让我养一只小狗"或"说服朋友一起参加学校的运动会"。

2. 想象自己是一个"沟通小侦探"，先了解对方的想法，再用合适的方法说服他们。

当你盯着空白的作文纸发呆时，脑瓜里是不是像炸开了烟花大会？那些亮闪闪的小点子就像被风吹散的萤火虫，忽闪忽闪地跟你捉迷藏。别慌，快给你的大脑装个"超级整理师"，用框架把你零散的想法组织得井井有条。

第 4 章
思路清晰，原来
作文可以这样写

动笔前用信息金字塔帮你理清头绪

想一想，你是不是有时候脑子里装了好多想法，但一到要写下来的时候就感觉乱糟糟的呢？这个时候你需要学会从上往下搭建框架和从下往上搭建框架，这两种方法能够帮助你把想法整理得条理清晰。

从上往下，一步步搭建你的写作框架

当你想写的作文主题清晰无比时，恭喜你，你可以开始一场从上往下的搭建框架奇妙之旅啦！

第一步：给你的想法配张"超能力地图"

想象一下，你手握一张神奇的"表达地图"，它就是你的导航仪，带你穿梭在信息的海洋。比如，你想以"难忘的一次旅行"为题目写一篇作文，那就让"启程期待 – 旅途精彩 – 归途感悟"这样的框架成为你的写作魔法棒吧！

第二步：一步步解锁任务小怪兽

拿起你的"创意蓝图"，开始一场文字冒险吧！首先，揭开"启程期待"的神秘面纱，问问自己：出发前，你的心情是怎样的？对目的地有哪些憧憬？接着，进入"旅途精彩"阶段，你的旅途中有哪些难忘的瞬间？是迷人的风景，还是有趣的事或人？到了"归途感悟"，那就是你思考的时刻，比如这次旅行给你带来了哪些成长或启示。

第三步：给你的框架来个"细致审查"

看看每个部分是不是都生动有趣，有没有遗漏什么重要的细节？还要确保每个段落都紧密相连，像故事里的情节一样，环环相扣，正好符合咱们写作中强调的逻辑性和连贯性，让每个字都充满力量。

言值提升站
——小嗯忘记写语文作业了

小嗯忘记写语文作业了，他决定向慧文老师承认错误，于是他鼓足勇气推开了老师办公室的门。

慧文老师，我能进来吗？

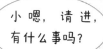

慧文老师有话说：小嗯为什么获得了老师的谅解

小嗯虽然犯了错误，但是他在和老师沟通的过程中采用了从上往下的表达框架，既坦诚地面对了问题，还清晰地表达了自己的想法，成为加分项。

直接承认 ● 坦诚地承认忘记写作业

解释原因 ● 说明昨天放学后的事情

解决方案 ● 提出补救措施

承诺改进 ● 表达改进的决心

从下往上，把零散的想法变成一个整体

当你面对作文，脑海里只有一堆乱糟糟的想法，找不到解题的头绪时，不妨试试从下往上搭建你的思考大厦。

第一步：捕捉灵感小火花

想象一下，你的大脑是个神奇的魔法袋，针对那个让你头疼的问题，尽管把里面所有闪现的点子都倒出来，别怕它们古怪或微小。比如，想要数学成绩大飞跃？那就写下"题海战术走一波""向老师发射求助信号"……

第二步：给想法找个家

接下来，咱们来场思维大扫除，给这些点子分门别类，就像给玩具归位一样。瞧，"题海战术"和"错题秘籍"手拉手住进了"练习小窝"，"向老师发射求助信号"则独自霸占了"求助小站"。

第三步：搭建梦想高楼

现在，你手头有了一堆整理好的想法砖块，是时候动手搭建你的思考高楼啦。比如，用"三大神器"——"地基稳固（打好基础）""求助天梯（寻找帮助）""复习加速器（高效复习）"来撑起你的数学提分大厦。

第四步：MECE 侦探出动

最后一步，召唤出你的 MECE 侦探，让它仔细检查你的思考大厦，确保每个房间都是独一无二的，没有重复的秘密通道，而且加在一起，就是完整的解题王国！

这样，你的思考之旅不仅有趣，你还能收获满满的知识宝藏哦！

言值提升站
——如何写好作文《我最喜欢的一本书》

妙言要完成一篇作文《我最喜欢的一本书》，她想向同学推荐一本让她爱不释手的书——《星空下的秘密花园》。

哎呀，怎么写好这篇作文呢？让我先从收集想法开始吧！

我最喜欢的一本书：《星空下的秘密花园》。

```
                         内容魅力 ○─────── 小艾莉和朋友的奇幻旅程

《星空下的秘密花园》                       冒险故事
     超级棒          思想深度 ○───────
                                    关于友情、勇气和梦想的成长史

                                        文字优美
                         阅读体验 ○───────
                                        插图精美
```

搞定，现在，就等着大家
来发现《星空下的秘密花
园》这本宝藏书籍了！

慧文老师有话说：如何搭建写作文的框架

```
                    搭建框架

              满足 MECE 原则（相互独立、完全穷尽）

        ┌─────────────────────┴─────────────────────┐

      从上往下                              从下往上

适用场景   作文主题明确时                   只有零散的想法时

 流程     选用框架 – 分解问题 – 检查         收集想法 – 给想法分类 – 构建框架 – 检查
```

这些"秘密武器"帮你搞定作文思路

黄金三点：原来结构清晰的作文是这样"炼"成的

"黄金三点"框架，无论是写作文、演讲还是和朋友侃侃而谈趣事，都是你的绝佳拍档。

"讲三点"的魔法魅力

想象一下，你正给朋友们讲述那场惊心动魄的探险之旅，结果话题乱跳，最后连自己都迷失在故事迷宫里，那么朋友们又能抓住几个精彩瞬间呢？但如果你神秘一笑，说："这次探险，有三个瞬间让我至今心跳加速！"是不是瞬间觉得故事线清晰得像导航地图？这就是"三点魔法"的炫酷之处！

为什么"讲三点"这么神奇？

◎ 记忆小助手

我们聪明的小脑瓜其实是个"简约控"。记住三件事，轻松加愉快；要是换成十件，哎呀，那就像背着满满一书包的书本，沉重得迈不开步啦。所以，让"三点"成为你的记忆小超人吧！

◎ 全面又精彩

你知道吗？"三"这个数字藏着大大的魔力！就像一天被巧妙地分为上午、下午、晚上三段，时间也优雅地展开为过去、现在、未来。每个"三点"的背后，都藏着无数精彩绝伦的故事。

◎ 逻辑小达人

一旦掌握了"黄金三点"秘籍，你的讲述就会像侦探解开谜团那样，步步为营，条理清晰。先抛诱饵，再揭秘中篇，最后揭晓大结局，听众们听得如痴如醉，心里默默给你点赞："这家伙，真有两把刷子！"

如何成为"讲三点"的高手？

◎ 积累"讲三点"的框架

"讲三点"的框架可以从时间、结构和重要性等层面去积累和练习。

以前啊，每到周末我总是拖到最后才开始写作业，每次都手忙脚乱地赶完，根本没时间好好享受周末。

早上

下午

现在，我把周末的时间分成了三段。早上先做最难的作业，下午做点轻松的阅读，晚上就完全是自由活动和休息时间了。这样安排，我的周末变得既充实又不累！

晚上

以后我还要继续优化这个时间表，让周末更加完美。这样就能留出更多时间，去做我自己真正喜欢的事情了！时间啊，你可要乖乖听我指挥哦！

137

◎ 结合归纳和演绎

有时候，你可以先总结再举例，或者先举例再总结。妙言为了说服妈妈给自己买双新球鞋，就采用了"总结问题 – 举例 – 展望未来"的思路。

妈妈，你看，我的球鞋都已经破成这样了，走路都好难受啊。

宝贝，你的理由很充分，我这几天就带你去买新鞋。

妈妈，我们班的好多同学都换了新鞋，他们在球场上跑得好快啊！如果我也能有双新球鞋，我一定会更加努力地练习，争取在校队比赛中进球！

注意 MECE 原则

你讲的三点要既不重复也不遗漏。比如，你不能说"我喜欢看小说，特别是经典文学作品和现代小说"，因为某些书籍既属于经典文学也属于现代小说，这样分类就重复了。

养成"讲三点"的习惯

想要成为高手，就要多练习。你可以每天找个小话题，比如"我最喜欢的三本书""我最想去的三个地方"，然后试着用"讲三点"来说一说。还可以让爸爸妈妈或者朋友来监督你，每当你成功用"讲三点"表达时，就给自己一点小奖励，比如多看一集动画片或者吃块小蛋糕。

好啦，现在你已经掌握了"讲三点"的秘诀，快去试试吧！无论是在学习、生活还是和朋友交往中，它都会成为你的超级武器，让你的表达更加清晰、有条理，成为大家眼中的沟通小达人哦！

言值提升站——小嗯用"黄金三点"框架实现作文的华丽转身

　　慧文老师布置了一篇题为《我的多彩校园生活》的作文，小嗯觉得有好多东西可以写，可是写出来的作文却像是一盘散沙，东一榔头西一棒槌，让人摸不着头脑。于是小嗯去寻求慧文老师的帮助。

小嗯，试试用"黄金三点"框架来组织你的作文吧！你可以从校园生活的三个方面入手，比如学习、活动、友情……

学习中的乐趣与挑战，让我来一一展现！

144

慧文老师有话说：如何用"黄金三点"框架写作文

用好"黄金三点"框架不仅让你的作文条理清晰，还能帮你更有效地组织和表达自己的思想。你看小嗯就用这个框架出色完成了作文《我的多彩校园生活》的写作。

学习探索
- 解开数学难题的喜悦
- 科学实验中的小发现
- 图书馆里的知识宝藏

我的多彩校园生活

活力四射的活动
- 运动会上的冲刺瞬间
- 艺术节上的精彩表演
- 社团活动中的团队合作

珍贵的友情
- 课间十分钟的欢笑
- 一起克服困难的默契
- 放学路上的谈心时光

STAR 秘籍：让故事里藏着你的表达魔法

STAR 框架（情境—任务—行动—结果）就像是你探险路上的指南针，引领你穿越表达的奇妙宇宙。

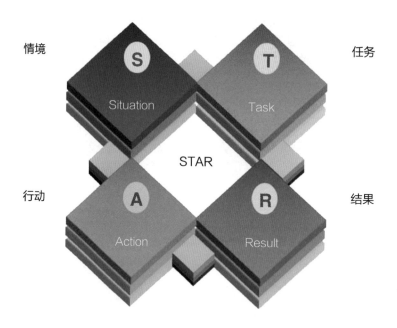

情境（Situation）

这就像是一部大片开头的奇幻场景，或是异星世界的神秘入口。比如，你偶遇了一只在雨中眨巴着会说话的大眼睛猫咪，或是突然间你发现自己站在了一个由巧克力构成的梦幻之城。这开场，就像是魔法门扉轻轻开启，瞬间把听众吸入你的故事漩涡，心里的小问号嗖嗖直冒："哇，接下来会怎样？"

任务（Task）

这可是主角面临的超级大挑战，比如帮猫咪找回遗失的闪耀魔法石，或是阻止巧克力城的甜蜜危机大爆发。这个任务得让人心跳加速，手心冒汗，听众们会跟着主角一起紧张地喊："冲呀，你绝对行！"

行动（Action）

到了这时候，故事就像坐上了火箭！主角勇敢地跳上咆哮的火龙，或是用聪明才智解开一个个谜题。你要让语言活起来，让听众感觉自己也加入了这场冒险，每一次智慧的火花都让人眼前一亮。记得哦，行动要具体，要有细节，让听众能感受到每一次心跳的澎湃！

结果（Result）

最后，当一切归于平静，不管是胜利还是成长，都要给读者一个心满意足的结局。是猫咪找回了宝石，让城市重现光彩，还是主角收获了更珍贵的教训？这个结局，不仅是对前面冒险的完美收官，还要留给听众深深的思考和回味，让人心里暖洋洋的，又充满期待。

用 STAR 框架，你的表达就像被施了奇幻咒语，变得井井有条，超级吸引人。它不仅能帮你理清思路，还能带着听众一起经历那些刺激又温馨的瞬间。下次当你想要分享一个精彩故事时，记得带上 STAR 框架，和你的听众一起踏上那场难忘的冒险之旅。

言值提升站——班级读书会上的分享

妙言在班级读书会上和同学们分享《哈利·波特与魔法石》，她按照 STAR 框架组织了演讲内容，得到了老师和同学们的好评。

首先，让我们来到充满魔法的霍格沃茨学校，这是书中的情境（Situation）。

接下来，是哈利和他的朋友们勇敢面对的任务和惊心动魄的行动！

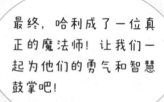

最终，哈利成了一位真正的魔法师！让我们一起为他们的勇气和智慧鼓掌吧！

慧文老师有话说：用 STAR 框架让表述更加精彩

使用 STAR 框架讲故事的优点在于，它能够清晰地展现情境、任务、行动及结果，使得故事条理分明、易于理解，并增强故事的说服力和吸引力。

读书分享会:《哈利·波特与魔法石》

• 情境（Situation）

- 哈利·波特在 11 岁那年收到霍格沃茨魔法学校的录取通知书
- 进入霍格沃茨魔法学校学习

↓

• 任务（Task）

- 面对各种挑战
- 勇敢成长
- 成为对抗黑暗势力的英雄

↓

• 行动（Action）

- 在魔法学校的学习经历
- 结识小伙伴
- 与伏地魔对决

↓

• 结果（Result）

- 哈利·波特成长为一位真正的巫师
- 学会了爱、信任和牺牲的意义

FABE 大法：让你的作文深深吸引读者

有没有想过为什么别人的推荐能一下子吸引你的注意，让你迫不及待想要试试看？秘密就在于他们用了 FABE 框架，这可是个超级好用的说服工具哦！

F：Feature	（属性、特点）	➡ 是什么？
A：Advantage	（优点、作用）	➡ 怎么样？
B：Benefit	（好处、益处）	➡ 能为对方带来什么？
E：Evidence	（证据、证明）	➡ 为什么相信？

F—Feature（特征）：

特征就是那些让人眼前一亮的独特之处，就像是小怪兽头上的犄角，或者是超人披风上的闪亮星星，一眼就能认出它不同凡响。

A—Advantage（优势）：

优势就是过人之处，它可能让你更快、更强、更聪明，能解决你的烦恼，让你的生活更轻松、更有趣。

B—Benefit（利益）：

利益就是你能直接感受到的好处，让你的生活变得更好。

E—Evidence（证据）：

证据就是那些实实在在的证明，比如你从爸爸那里看到了他上次跑步比赛的奖杯，你知道他真的超级厉害，有了证据就可以让别人百分之百地相信你。

所以，下次当你想向小伙伴们推荐什么好东西时，记得用上 FABE 框架。先从特征讲起，然后解释它的优势，再告诉他们能得到哪些实实在在的好处，如果有的话，最后加点证据，保证你的推荐让人无法抗拒。

言值提升站
——妙言用 FABE 框架获得作文比赛一等奖

妙言参加了学校的作文大赛，题目是撰写一篇关于"科技如何改变我们的学习生活"的论文。面对这个既熟悉又略显枯燥的主题，妙言决定采用 FABE 框架来让她的论文焕然一新。

智能笔记的优点是记得快，能帮我理清知识点，还可以随时查看！

它给我带来的好处是让我专心听课，复习时效果翻倍，还能培养我的数字素养……

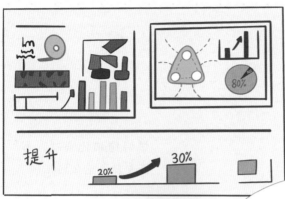

慧文老师有话说：用 FABE 框架写作文的好处

用 FABE 框架写作文，就像给故事穿上超酷装备，让情节特征鲜明、优点突出、利益诱人、证据充分，超吸引读者的眼球！

智能笔记：科技小帮手，让学习变得更轻松

● 特征（Feature）

- 自动同步云端
- 语音识别转文字
- 智能高亮重点
- 个性化复习提醒

● 优势（Advantage）

- 提高记录效率
- 帮助理解知识点间的联系
- 随时随地可取

● 利益（Benefit）

- 让学生专注于课堂学习
- 提升学习效率
- 培养学生的数字素养

● 证据（Evidence）

- 学生考试成绩提升 10%
- 80% 的学生提升学习满意度
- 自己的使用体会

PREP 攻略：牢牢吸引读者的注意力

写作文或者说话时，用好 PREP，让你的陈述变得既清晰又简单。

P 就是 Point（重点来啦）

为了让别人一听就明白，一开头就直接说出你的结论或者最重要的点。比如，"我这次考试进步了 10 名，好激动！"这样，别人一下子就知道你想说啥了。

R 就是 Reason（背后的原因）

既然你已经告诉大家结果了，那他们肯定好奇为什么会这样。这时候，理由就派上用场了。你要像讲侦探故事一样，告诉大家这个结果是怎么来的。比如，"因为我这段时间每天都复习到很晚，还找老师问了很多问题呢。"这样，你的成绩进步就显得十分合理，也会让大家更佩服你。

E 就是 Example（举例说明）

光说还不够，得有点"证据"才能让大家相信你，所以你需要接着举例子。想象一下，比如你告诉大家这段时间每天都复习到很晚，为了让他们相信，这时，你可以举例说："上个周末晚上爸妈让我去看电影我都没有去，一个人在家学习到 10 点钟。"加上这些细节，听众能想象出你努力学习的画面，相信你最近真的很用功。

再来一个 P，Point Again（重要的事情说三遍）

别忘了，好的故事总会有个难忘的结尾，最后，你要再次强调你的结论，就像电影的最后一幕，让人印象深刻。比如，"所以，我真的做到了，考试进步了 10 名！这都是努力的结果！"这样，别人就不会忘记你表达的重点了。

言值提升站
——小嗯尝到用 PREP 框架写好作文的甜头

　　小嗯正坐在他的书桌前，眉头紧锁，面前摊开了一张空白的作文纸。他的任务是写一篇关于"为什么阅读是通往智慧之门的钥匙"的作文，但小嗯却感到无从下手。就在这时，一本古老的、封面闪烁着微光的书突然出现在他的桌上，书脊上刻着四个神秘的字母——"PREP"。

综上所述，阅读确实是通往智慧之门的钥匙！

慧文老师有话说：如何用 PREP 框架吸引读者

用 PREP 框架吸引读者的做法是：先摆观点，再给理由，举个例子，最后总结，轻松赢得读者的理解和支持。

小嗯写好的作文《为什么阅读是通往智慧之门的钥匙》

- 结论（Point）
  - 阅读能拓展我们的知识面，让我们变得更聪明

- 依据（Reason）
  - 了解不同文化和思想
  - 激发想象力
  - 激发创作力

- 事例（Example）
  - 读爱因斯坦的相对论得到启发
  - 读《小王子》学会珍惜友谊

- 重申结论（Point Again）
  - 阅读拓展我们的知识面，增强我们的专注力，还能激发我们的创造力和同理心

SCQA 框架探秘：让你的作文闪亮登场

现在，快来动动你的脑筋，猜猜看，为啥有些故事能像小磁铁一样，紧紧吸住你的心，让你一听就根本停不下来？那是因为它们藏着一个"超级故事法宝"——SCQA 框架，听起来是不是像从童话里飞出来的魔法道具？它就像那根能让梦想成真的神奇魔杖，让我们的故事变得超级迷人。

请看这张神奇的图片，它正要为你揭开 SCQA 框架的神秘面纱呢！

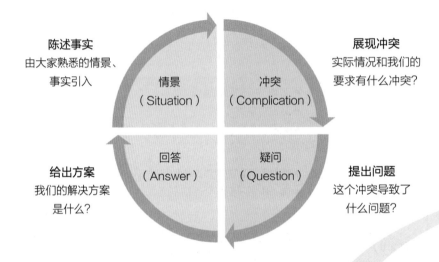

陈述事实
由大家熟悉的情景、事实引入

情景
（Situation）

展现冲突
实际情况和我们的要求有什么冲突？

冲突
（Complication）

回答
（Answer）

疑问
（Question）

给出方案
我们的解决方案是什么？

提出问题
这个冲突导致了什么问题？

S：从场景说起，带你进入一个奇幻世界

在 SCQA 里，"S"就是 Situation（场景设定）。比如，你要讲一个关于勇敢探险的故事，可以这样开始："在遥远的梦幻岛上，有一处被遗忘的古老遗迹，据说里面藏着一把能实现所有愿望的魔法剑……"是不是立刻就把小伙伴吸引住了？

C：来点冲突，让故事活起来

然后，你要加点"调料"，让故事变得紧张刺激，这个时候需要来点"C"，也就是 Complication（冲突）。就像你正开心地探索遗迹时，突然遇到了一只会说话的怪兽，它守护着魔法剑，不让任何人靠近。这时候，你心里是不是在想："哎呀，这下可怎么办？"冲突让故事变得有趣，也让听众更加期待接下来的发展。

Q：提出问题，让听众的脑筋动起来

面对冲突，紧接着"Q"来了，也就是提出 Question（问题）。针对上面的故事，面对守护魔法剑的怪兽，听众们肯定会想："要怎样才能既安全又成功地拿到魔法剑呢？"提出这个问题来，让听众开始动脑筋，帮你出主意，在听众中制造参与感，让故事牢牢抓住听众的注意力。

A：最后揭秘答案，就像解开谜团的钥匙

最后，到了最激动人心的部分——"A"，也就是 Answer（答案）。继续上面的探险之旅，你灵机一动，想出了一个超级聪明的计划，用你手中的小工具，巧妙地让怪兽分了神，"嗖"的一下，你就拿到了那把闪闪发光的魔法剑。这一刻，听众将为勇敢又聪明的你鼓掌欢呼。

言值提升站
——妙言教小嗯用 SCQA 框架写好作文开头

小嗯要完成作文《我的一次勇敢尝试——学骑自行车》，他试着写了个开头，但是自己很不满意，于是他去找妙言帮忙。在妙言的指导下，小嗯终于用 SCQA 框架给作文设计了一个很棒的开头。

慧文老师有话说：用 SCQA 框架写好作文的开头

用SCQA框架写作文的开头，先设情境，再加冲突，提出问题，预告答案，一开头就能吸引住读者的目光，让他们迫不及待地读下去。

用 SCQA 框架写好作文《我的一次勇敢尝试——学骑自行车》的开头

- 情境（Situation）
  - 收到期待已久的礼物——自行车，心中既兴奋又忐忑

- 冲突（Complication）
  - 不会骑自行车，总是摔跤

- 疑问（Question）
  - 如何克服恐惧，学会骑自行车

- 回答（Answer）
  - 决心勇敢尝试，直到学会为止

1. 从上往下，先搭个骨架

想象一下，你要建一座城堡，首先要知道它长啥样吧？对，写作文也一样！先想好你要写啥主题，然后像列清单一样，把想说的几个要点写下来。接下来，玩玩"逻辑游戏"：这些要点是像爬楼梯一样一步步上升（递进），还是像好朋友一样肩并肩（并列），又或者像侦探破案那样有前因后果（因果）？排好队，这样读者读起来就像坐滑梯，顺畅又开心！

2. 从下往上，搜集宝藏再搭建

现在，你是个探险家，去寻找和主题有关的"宝藏"——事实、故事、观点，统统收起来！然后，给这些宝藏分分类，挑出最闪亮的那几颗。接着，找找它们之间有没有什么秘密通道（比如因果关系、对比关系或时间顺序），这样，你的作文地图就清晰了。

3."黄金三点"框架，让文章闪闪发光

想象一下你有三颗魔法宝石，每颗都代表一个观点。这三颗宝石要互相配合，可以是步步高升（递进）、并肩作战（并列）或者黑白对决（对比），但都要围绕同一个宝藏（主题）。用上这个框架，你的文章就像被施了魔法，既结构清晰又内容丰富，太棒了！

4. FABE 框架，让内容活起来

FABE 框架就像是给你的作文穿上超级战衣。先想想你的主角或主题有啥独特之处（特征），这些特点让它变得多厉害（优势），然后想想这些优势能给读者或主人公带来啥好处（利益），最后，别忘了用真实例子或数据来证明你的话（证据）。这样，你的文章不仅条理清晰，还能让人爱不释手。

5. SCQA 框架，让读者一秒入戏

想让读者一读就停不下来？试试用 SCQA 框架写开头！先画一幅生动的画，让读者感觉自己就在现场；然后，"嘭"丢个问题或挑战进去，打破平静；接着，提出一个让人挠头的疑问，激发他们的好奇心；最后，悄悄告诉他们，你即将揭晓答案，但别全说，留点悬念，让他们追着你的文章跑！

1. STAR 大法，让你的故事"活"起来！

想象一下，你就是电影导演！首先，用你神奇的描述力，画出一幅幅清晰的画面，让听众感觉自己就像走进了放映厅，亲眼看到了一切！然后，告诉大家故事里的主角要干啥大任务，或者面临啥大挑战，就像电影里的英雄要去打败大反派一样！接着，揭秘主角是怎么行动的，是勇敢冲刺还是智斗恶龙？最后，别忘了告诉大家，这些行动带来了什么结果，是皆大欢喜还是意外转折？这样讲故事，保证听众听得目不转睛，还想再听一遍！

2. PREP 秘籍，让你的观点闪闪发光！

想要说出让人点头称赞的观点？用 PREP 就对了！先想清楚你要说啥，用一句话概括，就像电影的预告片，简短又吸引人。然后，给你的观点找两个"超级助手"——逻辑清晰、容易懂的理由，它们就像电影的两大看点，让人无法抗拒。接下来，给每个理由找个"实证"，就像电影里的精彩片段，让人一看就懂。最后，再回到你的观点，就像电影结尾的彩蛋，让人回味无穷！这样表达，你的观点就像星星一样，在大家心里闪闪发光啦！

结构化表达的趣味闯关

一、单项选择题

1. 当你写作文时，如果主题非常清晰，应该采用哪种方法来搭建写作框架？

    A. 从上往下搭建框架

    B. 从下往上搭建框架

    C. 随便写，不用框架

    D. 只写开头和结尾

2. "黄金三点"框架的好处是什么？

    A. 让作文更长

    B. 让作文更难理解

    C. 让作文结构更清晰、更容易被记住

    D. 让作文看起来更复杂

二、判断改错题

1. 写作文时，从下往上搭建框架就是把所有想法都写下来，然后随机组合。

2. 使用"黄金三点"框架时，三个点可以是重复的内容，只要多写就好。

三、作文题

请你以一次难忘的经历为主题写一篇作文，比如你进入了一片神秘的森林、到一个有趣的地方旅行等。

在写作时，请选择下面某个或者某几个框架来组织作文的结构：

1. 信息金字塔框架：先确定整体结构，再逐步填充细节。

2. 黄金三点：选择三个最难忘的亮点来展开。

3. STAR 框架：用情境、任务、行动、结果组织内容。

4. SCQA 开头：用场景、冲突、问题、答案来吸引读者。

字数不少于 300 字。

参考答案

一、单项选择题

1. 答案 A

解析：当主题清晰时，可以从上往下搭建框架，先确定整体结构，再逐步填充内容。

2. 答案：C

解析："黄金三点"框架可以让作文结构更清晰，更容易被读者记住。

二、判断改错题

1. 答案：错误

改错：从下往上搭建框架是先把所有想法写下来，然后进行分类整理，最后按照逻辑顺序组合成一个整体。

2. 答案：错误。

改错：使用"黄金三点"框架时，三个点必须符合 MECE 原则，即相互独立、完全穷尽、不能重复。

三、作文题

提示：

1. 你可以从一个有趣的场景开始，比如"我醒来时发现自己在一个陌生的地方……"

2. 描述这个难忘经历中的细节，让读者感到好奇和有趣。

想让你的讲述超级有趣，让小伙伴们听得津津有味吗？那就得来点绝招啦！你可以试着用图片或者表格，把意思一目了然地展示出来；或者讲个酷炫的故事，让大家仿佛身临其境；还可以打比方，把复杂的事物比作简单的日常；再或者带上点小道具，边讲边展示，就像魔术师一样神秘又吸引人。这样，你的小伙伴们理解起来既轻松又愉快，完全零负担。

第 5 章
生动形象，牢牢吸引
听众的注意力

图表的威力，千言万语都不及

图表的优势：一看就懂，轻松理解

你有没有发现，在分享故事的时候，一张酷炫的图片的威力简直能秒杀无数句话？就好比我们看电影时，那些震撼的画面总是比冗长的对白更让人铭记于心。

想象一下这个场景：你迫不及待地想向朋友们炫耀你新入手的超级拉风滑板，与其费尽口舌形容它的色彩有多耀眼、滑行的感觉有多棒，还不如直接甩出一张高清美照或者一段炫技小视频，保证让他们瞬间目瞪口呆，惊叹连连。

为什么图表的魔力比文字更酷炫呢？

● **图表是收纳信息的小能手**

图表就像你的神奇背包，不仅能装下所有课本和零食，还能轻松塞进海量信息，一点都不漏，简直就是个信息收纳小能手。

● **图表是传递信息的闪电侠**

想要告诉朋友去新甜品店的路线？忘掉那些左转右转的口令吧。画一张简单地图，就能一目了然。

● **图表是揭秘信息的侦探眼**

玩拼图时，只看碎片可能让人一头雾水，但拼起来就是一幅美丽的森林画卷。图表也是如此，它能帮我们揭开信息的迷雾，让我们一眼看穿全局，像超级侦探一样，迅速锁定那个隐藏的"宝藏"。

所以，下次想分享趣事或解释复杂问题，记得试试画图或做表格。这样，你的小伙伴们不仅能秒懂你的心思，还会被你的创意深深吸引，让你的想法更加闪亮、更加酷炫。

用好图表，像学霸那样思考

既然使用图表有这么多好处，那么如何根据需要画好图表呢？

第一步：动手搭框架，就像玩乐高一样轻松

你有没有想过，搭建一个超酷的想法框架，其实就像玩乐高积木一样简单又有趣？首先，你需要一个绝妙的主意，就像脑海中突然闪现的一幅画作或一个精彩故事。接着，动手给这个想法搭建一个稳固的框架。你可以选择各式各样的图表类型，比如像河流一样的流程图，或者像大树一样的结构图，它们都能帮你把脑海中的想法整理得井井有条，就像乐高积木搭建出的梦幻城堡一样。

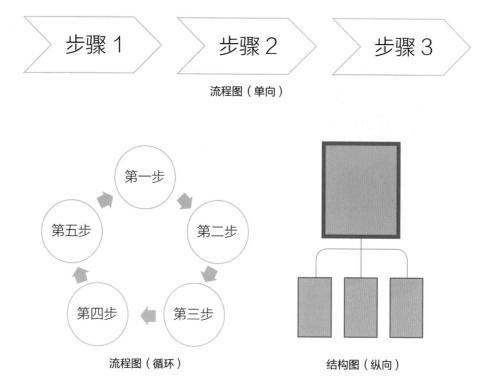

流程图（单向）

流程图（循环）

结构图（纵向）

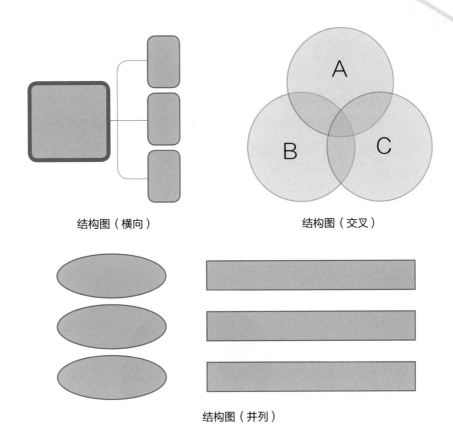

结构图（横向）   结构图（交叉）

结构图（并列）

第二步：选对图表，就像选对超能力

　　接下来，给你的框架选个最匹配的图表，就像挑选超能力一样，要选那个能让你的想法大放异彩的。如果你是在讲一个时间顺序的故事，那就用流程图，让你的故事像电影一样一幕幕展开。如果是要展示你和朋友们之间的友谊网，那就用结构图，它能像魔法一样，清晰展现你们之间是如何紧密相连的。

第三步：填充元素，让图表活起来

现在，你的框架和图表类型都准备就绪，接下来就是把想法里的每一个小细节都填进去，就像给你的图表注入生命，让它活起来。

好啦，我的超级流程图，带着我们飞向成功的班级活动吧！加油，小伙伴们！

看这里，筹备物资交给大力士阿强，设计海报就靠创意无限的莉莉，时间、任务、分工，一目了然，完美！

好啦，小嗯大作战开始！这周的作业，看我怎么把你们一一征服！

哈哈，看我的树形图大法！作业们，你们现在可都乖乖听话，排好队啦！

背诵课文
语文
练习题
实验报告
科学
知识树
数学

圆半非蘩聚

慧文老师有话说：为什么好的图表抵 1000 个字

图表优势：内容和形式丰富、传递信息的效率高、具有全局性

第一步：搭框架 ➡ 第二步：选图表 ➡ 第三步：填元素

画图表的三个步骤

5.2 讲道理不如讲故事，故事大王就是你

我们为什么爱听故事呢？

现在，请你闭上眼睛，想象一下，如果世界上再也没有故事，那会是怎样的一番景象？这就好比没有了惊心动魄的冒险之旅，没有了超级英雄在危难时刻的挺身而出，生活是不是就像缺了调料的菜肴，变得索然无味？其实，故事不仅仅是娱乐，它们还是让我们人类变得超级强大的神奇秘籍。

很久很久以前（别误会，这次可不是要讲一个老掉牙的故事，这可是真真切切的历史哦），人类就掌握了讲故事的魔法。这些故事，就像一把把无形的钥匙，能够打开人们的心门，让大家心往一处想，劲往一处使。想象一下，古代的人们围坐在篝火旁，讲述着英雄的传奇，那份信仰和力量，让他们齐心协力，种出了粮食，创造了辉煌的文明。这些故事，就像一条条无形的纽带，把每个人的心都紧紧相连。

现在，我们身边也充斥着各种各样的故事。老师用生动的故事，把历史课变得像探险一样刺激，让我们对那些重要的事件记忆犹新；班长用激励人心的故事，点燃我们的斗志，让我们为了班级的荣誉而奋力拼搏。还有，你有没有发现，那些擅长讲故事的小伙伴，总是能轻易地成为人群中的焦点，大家总是围着他们，听得津津有味？

这究竟是为什么呢？因为故事拥有让人无法抗拒的魔力。它能让我们的大脑瞬间被点燃，就像观看了一场震撼人心的电影。而且，故事中的情节和角色，总是比那些枯燥的数据和事实更容易在我们的脑海中留下深刻的印记。你或许已经忘记了上周数学课上老师讲的某个公式，但哈利·波特的故事中那所神奇的魔法学校，却永远在你的心中熠熠生辉。

更重要的是，故事是我们成长的良师益友。从故事中，我们学会了勇敢、学会了坚持、学会了追逐梦想。那些超级英雄，面对困难时从不退缩，他们的精神不断激励着我们，让我们也敢于面对生活中的种种挑战。

所以，让我们一起踏上成为讲故事大师的征途吧！无论是在学校的课堂上，还是在温馨的家庭中，或是与朋友们欢聚一堂时，都试着用故事来传达你的思想和情感。你会发现，当你开始讲述故事时，听众们的眼睛里闪烁着好奇与兴奋的光芒，他们的嘴角不自觉地上扬，完全被你所讲述的世界所吸引。而你的世界，也会因为故事的存在，变得更加丰富多彩、充满无限可能。

言值提升站
——分享会上小嗯会讲故事了

班级里要举行一场分享会，小嗯决定和大家聊聊友情的重要性。

同学们，友情是生活中不可或缺的一部分，它能让我们感到温暖和快乐。我们平时互帮互助，就是友情最好的体现。

189

哎，看来我的话像风一样，吹过就散了。

小嗯觉得好沮丧，为什么大家对自己讲的话不感兴趣呢？放学后，小嗯向慧文老师请教。

第二次分享会，小嗯又站上了讲台。这次他换了种方式，给大家讲起了友谊谷里一只名叫米米的小松鼠的故事。

友情的重要性

大家听过友谊谷的故事吗？

从前，有一个被五彩斑斓的花朵环绕的山谷，叫友谊谷。友谊谷里住着一只孤单的松鼠，名叫米米。

每天米米都渴望有朋友能陪伴它。直到有一天，它鼓起勇气，向友谊谷中的小动物们主动问候和微笑，并给它们帮助。

米米用自己的善良和真诚打动了小动物，小动物们被吸引了过来，米米不再孤独。

如何烘焙出美味的"故事"蛋糕？

请你想一想那些让你放不下的好故事，都有什么特点呢？你知道一个超级棒的故事是怎么诞生的吗？这就像烘焙一个美味的蛋糕，需要一些特别的"食材"和"步骤"，让我们一起来探索这个神奇的故事厨房吧。

第一，要有个了不起的主人公

在每个精彩绝伦的故事里，总有那么一位超级英雄般的主角，可能是身披铠甲的勇敢骑士、智斗罪犯的机智侦探，或是看似平凡却身怀绝技的孩子。就像你最爱的游戏角色，他们心怀壮志，怀揣梦想，正是这些梦想和目标启动了整个冒险旅程，让你心痒难耐，渴望跟随他们的脚步一探究竟。

第二，挑战重重，但永不言败

故事里总会有那么几个难缠的反派或棘手的难题挡道，但我们的主角绝不会轻言放弃。他们拥有就像你面对数学难题时的那股狠劲，绞尽脑汁，勇往直前。这种坚持和努力的精神，是不是让你觉得特别佩服？

第三，努力的过程非常精彩

真正的好故事，不只告诉你最后的胜利，更带你见证主角每一步的艰辛与成长。他们或许会被绊倒许多次，但每次都能像变魔术一样找到新出路，继续前进。就像你学习滑板时，虽然起初摔得鼻青脸肿，但每一次尝试都让你离成功更近一步，这种过程是超酷的。

第四，惊喜连连，转折不断

有时候，故事在展开过程中会突然抛出一个你绝对猜不到的情节，就像打开神秘宝箱时发现的隐藏宝藏，既惊喜又刺激。这些意想不到的转折，让故事像过山车一样起伏跌宕，让你紧张得几乎能听到自己的心跳，迫不及待地想知道下一步的情节。

第五，结局圆满，让人心满意足

最后，好故事总会有一个让人满意的结局。无论是主人公打败了坏人，还是找到了宝藏，或者学会了重要的道理，都会让你觉得一切努力都是值得的。这会让你的内心充满了胜利的喜悦和成就感。

比如，请你想一想为什么大家都爱读《哈利·波特与魔法石》？这个故事是不是具备以上特点呢？

- 很了不起的主人公

  哈利·波特，一个看似普通的男孩，却发现自己是个巫师，拥有非凡的魔法潜力。

- 遇到困难，但从不放弃

  哈利·波特在霍格沃茨学校直面各种挑战，包括与邪恶的伏地魔的初次交锋。

- 努力的过程超精彩。

  哈利·波特与他的朋友们解开谜题，凭借勇气和智慧战胜困难。

- 意外和转折

  哈利·波特发现自己是能够对抗伏地魔的人，因为他母亲的爱给予了他强大的保护。

- 结局圆满

  哈利·波特成功保护了魔法石，阻止了伏地魔的阴谋，赢得了朋友们的尊敬和赞誉。

言值提升站
——妙言通过"勇气之石"的故事获得演讲比赛第一名

妙言马上要参加学校的演讲比赛了，她演讲的题目是"青春无畏，勇气先行"。在她的演讲中她讲了一个"勇气之石"的故事。

她按照"目标—阻碍—努力—结果—意外—转折—结局"的框架组织"勇气之石"故事的内容。

故事牢牢吸引住了听众的注意力，最终妙言获得了演讲比赛的第一名。

如何成为小伙伴中的"故事大王"？

现在你已经有了一个好故事，那么如何做才能把故事讲得超级吸引人呢？讲好一个故事，就像在游乐场里操控最刺激的过山车，语言、肢体、声音，全都是不可或缺的秘密武器。

语言要有趣又易懂

设想一下，你正和小伙伴们分享一次惊险刺激的探险旅程。用什么样的语言能让他们听得入迷？

首先，语言得轻松又接地气，就像你们课间闲聊那样自然又带劲。避开那些让人头疼的专业词汇，那样大家听起来会很吃力，故事也就不那么有趣了。

其次，语言还得有趣！加点笑料，就像是给故事加上了魔法翅膀，让里面的人物和情节都瞬间活灵活现。比如，你可以这样讲："有个特别爱吃比萨的小超人，他飞得比闪电还快，每次打败坏人后，总是要先来个超大号比萨庆祝一下，连坏人都忍不住问他——喂，超人，你的超能力是不是就是找比萨？这样一来，不仅能让大家捧腹大笑，那个爱吃比萨的小超人也因为这些幽默的语言而变得更加可爱，就像是每个人的好朋友一样。

肢体语言，让你的故事更生动

想让你的故事像动画电影一样吸睛？那就别藏着掖着了，把身体也变成讲故事的神队友。就像你在看动画片时，那些角色夸张的表情和动作总是让你捧腹大笑。讲故事时，我们也要学会用肢体语言来"表演"。

比如，讲到情节紧张刺激的部分，你就模仿电影里的英雄，握紧拳头，瞪大眼睛，眉头紧锁，仿佛自己就是那个正在拯救世界的勇士，让听众也能感受到那份紧迫和刺激。而讲到欢乐的场景时，你不妨张开双臂，笑得像朵绽放的花，甚至可以跳起来做个胜利的手势，把那份快乐和轻松像阳光一样洒满整个房间。这样，你的故事对听众来说就不再只是耳朵的盛宴，而是全身感官的狂欢啦！

声音，让故事"活"起来

用好你的声音可是讲好故事的关键哦！想象一下，你正带领大家踏入一片神秘莫测的森林。此时，你的声音仿佛被施了魔法，低沉而缓慢，就像夜风拂过树梢，让人不禁屏息，感受那森林深处的幽暗与神秘。而当那位勇敢无畏的小英雄闪亮登场时，你的声音瞬间变得铿锵有力，如同号角响起，让每个人心中都激荡起那份属于英雄的勇气和决心。

不仅如此，你还要玩转语调、语速和音量的魔法，让故事更加跌宕起伏。比如，用急促的语调讲述追逐的场景，用轻柔的声音描述宁静的夜晚。这样，你的故事就会变成一场震撼人心的视听盛宴，让每个人都能身临其境，成为故事中的一部分。

可是有一天，小蹦遇到了个大麻烦！一只凶猛的大灰狼出现了，它的眼睛比黑夜还黑，牙齿比刀还尖！

但是，小蹦没有被吓得逃跑！它的小脑袋转得飞快，比森林里跑得最快的松鼠还快！很快，它想出了一个超级绝妙的计划！

嘿嘿，想知道接下来发生了什么吗？那就得等小嗯下次再讲啦！

慧文老师有话说：讲好故事的三大法宝

声音

语言

肢体语言

打比方，让复杂变简单

打比方的魔力：原来学习可以这么轻松

想一想，你有没有遇到过这种情况：有时候想跟朋友们分享一些超酷的新知识或者一个有趣的故事，但是说了半天，他们还是一脸茫然，好像完全听不懂你在说啥。这个时候怎么办？别担心，现在我就要教你一个绝招——打比方。

第一，打比方能够帮助你把抽象的概念变得具体可感，让你的听众能够轻松地理解和掌握。

妙言，你刚从海边回来吧？大海怎么样啊？是不是很壮阔呢？

当然啊，大海很大，水很多！

第二，打比方还能帮助加深理解和记忆。打比方就像一把魔法钥匙，能带领我们穿越知识的迷宫，找到正确的路径；更像一把利剑，帮我们攻克学习中的难题。

姐姐，这个分数我怎么就是搞不懂呢？

小嗯，你想想看，分数就像是我们分蛋糕……

分子是你要拿走的蛋糕块数，分母则是整个蛋糕被分成了多少块。如果分子大，而你分的份数（分母）不变，那你得到的蛋糕就多。

第三，打比方能让我们的语言更有魅力。打比方就像给语言穿上了一件华丽的衣裳，让它变得更加生动有趣，吸引人们的注意力。比如，当你想说明锻炼身体很重要时，你可以说"锻炼身体好比汽车加油，让身体更有力量"，这样说是不是比简单地说"锻炼身体很重要"要有趣多了呢？

作文举例

小嗯，你学得真快！这个比方很不错哦，继续加油，你的作文一定会写得很棒！

打比方就是这么神奇！它能让复杂的事情变得简单易懂，让抽象的概念变得生动具体。而且，打比方还能让你的表达更加生动有趣，让朋友们在听的过程中充满了好奇和期待。

所以，下次当你想要跟朋友们分享新知识或新想法时，不妨试试用打比方的方式来表达吧，这个时候你的话语一定会像魔法一样，瞬间吸引他们的注意力。

用好打比方，作文更出彩

如何恰到好处地打比方呢？让我们一起解锁这项酷炫技能吧！

第一，找到相似之处

你要像侦探一样，发现两个看似不相关的事物之间隐藏的相似之处。比如，你可以说"友谊就是一盏明灯，在黑暗中照亮彼此的心灵"，这里"友谊"和"明灯"的相似之处就是"给人温暖"。

第二，选用贴近生活的比方

为了让大家一听就懂，你要挑选那些大家熟悉的事物来打比方。比如，说时间宝贵，可以说"时间好比口袋里的零钱，一不小心就容易溜走"，这样，大家就能立刻感受到时间的珍贵和易逝。

第三，让打比方富有创意

打比方不仅要准确，还要有趣！试着打一些新颖独特的比方，能让大家眼前一亮。比如，形容一个人很聪明，可以说他"脑袋里装的不是脑汁，是满满的智慧星河"，这样打比方既形象又充满想象力。

第四，适用不同场合

打比方也要看场合哦！在轻松的聊天中，你可以打一些幽默风趣的比方，让大家开怀大笑；但在正式的作文或演讲中，就要选择更加庄重、贴切的比方，来增强你的说服力。

第五，刻意练习

就像学习骑自行车一样，打比方也需要不断地练习。多读多写，尝试在不同的情境下运用打比方，你会发现，自己的语言会越来越生动，表达也会越来越自如啦！

 慧文老师有话说：表达时如何打比方

打比方既能让复杂的概念变得简单易懂，加深我们的理解和记忆，又能让我们的表达更生动有趣。

如何打比方 ＝ 找到相似之处 ＋ 选用贴近生活的比方 ＋ 让打比方富有创意 ＋ 适用不同场合 ＋ 刻意练习

5.4　小道具，大作用

道具的优势：直观、生动、有趣，小伙伴都喜欢

为了让你的表达变得更有趣、更形象，建议你用一些小道具，当你的道具出现在听众面前时，就像变魔术一样，瞬间吸引大家的注意力。

想象一下，如果你在给大家讲述你的冒险故事时，手里拿着一把炫酷的玩具剑或者一张神秘的地图，是不是感觉整个人都闪闪发光了？没错，这就是道具的魔力！

道具就像是我们的魔法棒，它能让我们的话语变得更有力量。当年乔布斯叔叔在介绍MacBook Air 时，他没有直接告诉大家这台电脑有多薄，而是拿出了一个普通的信封，然后把电脑从信封里抽了出来！哇，那一刻，大家都惊呆了，因为谁也想不到一台电脑竟然能这么薄，就像魔法一样！

如何选用道具，让你的表达更精彩？

既然你已经知道了道具是表达中的秘密武器，用好了道具，就像给故事穿上了魔法斗篷，能让你的表达更抢眼。那又该如何选择合适的道具呢？

妙招一：与主题紧密相关

道具的选择可不是随意的哦，它得和你要表达的主题紧密相关，就像一对最佳拍档。

妙招二：具有视觉冲击力

好的道具还得有视觉冲击力，能一下子抓住大家的眼球。

妙招三：富有创意和想象力

道具的选择还要尽可能富有创意和想象力，你的表达也会因此变得更加充满魅力。

同学们，今天的任务是进行一场特别的展示，主题是"穿越时空，与古人对话"！

慧文老师有话说：如何根据需要选择道具

道具的优势：直观、生动、有趣

好道具的特点

与主题紧
密相关

具有视觉
冲击力

富有创意和
想象力

1. 故事：作文的"趣味添加剂"

故事就像是作文的"趣味添加剂"，能让你的文章变得有趣又有料。试着在作文里加入一些小故事，比如写一次难忘的旅行经历，或者和朋友之间的搞笑趣事。你会发现，写作变得轻松又愉快，而且作文也会因此更加出彩，让读者爱不释手。

2. 写故事的秘诀

想写出精彩绝伦的故事？其实不难！首先，确定一个吸引人的主题，比如勇气、友谊或冒险。然后，简单勾勒出故事的开头、发展和结尾，就像画一幅地图一样。别忘了给你的角色加上鲜明的个性和特点，让他们活灵活现地出现在读者面前。再设计一系列有逻辑关联的事件，让故事情节紧凑又充满变化。加入冲突、转折或悬念，让读者像坐过山车一样，始终保持阅读的兴趣，根本停不下来。

3. 打比方：作文的"魔法变身术"

想让作文里的文字变得生动有趣？打比方就是你的"魔法变身术"！比如，学习就和攀登高山一样，虽然过程艰难，但到达山顶后能看到更广阔的风景。找到想要描述的事物和用作打比方的事物之间的相似之处，选择生动、具体且读者熟悉的事物来打比方。这样，平凡的文字就会瞬间变得栩栩如生，读者读起来也会更加贴切、易于理解。

1. 讲故事小秘诀

第一，你得把自己的情感全都放进故事里，就像你真的在经历那些事情一样。讲的时候，别忘了丰富你的表情哦，这样故事才会更加生动有趣！还有，试着模仿故事里的角色，用不同的声音来说话，比如英雄的声音要响亮有力，小猫咪的声音就要轻柔可爱。别忘了，你的肢体语言也是讲好故事的好帮手，合理加入手势、动作，让故事"动"起来！

第二，说话的速度也很重要哦，太快了会让人听不懂，太慢了会让人着急。保持适中的语速，让每个人都能轻松跟上你的故事节奏。

2. 道具小妙招

选道具的时候，记得要选和讲话内容紧密相关的，还要直观易懂。另外，要根据听众的年龄、兴趣和认知水平来挑道具。这样，道具就能成为你的超级"助手"，帮你更好地传达信息，吸引听众。

结构化表达的趣味闯关

一、单项选择题

1. 如果你想让复杂的事情变得简单易懂，以下哪种方法最有效？

   A. 用图表展示信息　　　　　　B. 一直重复解释

   C. 用很长的句子描述　　　　　D. 不解释，让别人自己猜

2. 在讲故事时，为了让故事更吸引人，以下哪种方式最重要？

   A. 使用难懂的词汇　　　　　　B. 讲得很快

   C. 加入有趣的情节和转折　　　D. 只讲结局

二、判断改错题

1. 使用图表时，只要画出来就行，不需要解释图表的内容。

2. 讲故事时，语言越复杂越好，这样才能显得有水平。

三、作文题

题目：我的神奇一天

要求：

1. 假设你有一天拥有了某种神奇的能力（比如隐身、读心术、时间暂停等），请写一篇作文，描述这一天你如何使用这种能力，以及发生了哪些有趣的事情。

2. 在写作时，尝试运用以下技巧：

   （1）生动描述：用打比方的方式描述你的感受或场景，比如"时间暂停后，世界就像一幅静止的画"。

   （2）故事性：按照"目标—阻碍—努力—结果—意外—转折—结局"的框架组织内容，让故事更吸引人。

（3）创意表达：可以加入一些小道具（如魔法棒、神秘项链等），让故事更有趣。

3. 字数不少于300字。

参考答案

一、单项选择题

1. 答案：A

解析：图表可以直观地展示信息，让复杂的内容变得简单易懂。

2. 答案：C

解析：加入有趣的情节和转折能让故事更吸引人，让听众保持兴趣。

二、判断改错题

1. 答案：错误

改错：使用图表时，不仅要画出来，还需要简单解释图表的内容，让听众更好地理解。

2. 答案：错误。

改错：讲故事时，语言应该简单易懂，避免使用复杂的词汇，这样才能让听众更容易理解。

三、作文题

提示：

1. 你可以从早上醒来发现自己拥有超能力开始，描述这一天的奇妙经历。

2. 描述你遇到的有趣或困难的事情，以及你是如何解决的。

教孩子能写会说　结构化表达　漫画版

结构化表达真是个神奇的小助手。写作文时，它就像你脑海里的导航仪，让你胸有成竹，下笔如有神助，轻松拿下高分作文。课堂发言时，它帮你把思路整理得井井有条，让你有理有据地表达观点，赢得老师和同学们的阵阵掌声。到了演讲台上，结构化表达更是你的得力小助手，帮你写出条理清晰、生动有趣的演讲稿，让你的演讲像一场精彩的魔术表演，吸引所有观众的目光，马到成功。参加面试时，有了它的帮助，你能轻松自信地回答问题，展现出最棒的自己，赢得考官的青睐。总之，掌握了结构化表达，你就是那个闪闪发光的小明星！

第 6 章
结构化表达，让你
“言值”爆棚

6.1 作文小能手：胸有成竹，下笔如有神

言值提升站
——小嗯的作文提升之旅

小嗯的语文作业是完成一篇作文，题目是《我的足球梦》。

第一次：明明是熟悉的题目，可是为什么不及格？

哇！足球可是我的最爱！这个题自简直就是为我量身定做的！这次我一定要大展文采！

第二次：按照结构化表达的要求重写，作文获得好评

看到小嗯的故事，你有没有发现在写作文时应用前面学过的结构化表达，可以帮你轻松写好作文。

按照小嗯的经历，接到写作文的任务后，你可以这样做：

- **审题：摩拳擦掌，找出"题眼"**

接到写作文的任务后，首先寻找作文关键词中那个最让你心动的点，把它牢牢抓住，这就是你作文的主题，然后用你"小侦探"的眼光，搜寻和主题相关的线索，想想这些线索能串联起一个怎样的精彩故事。

在小嗯的故事里，他就像个足球小侦探，从题目《我的足球梦》中挖掘出了自己深藏的足球梦想，还有那些为梦想拼搏的点点滴滴，并提炼出"我的足球梦想以及为之付出的努力"这一主题。

- **构思：搭建你的"梦想城堡"**

动笔前先用你的创意和逻辑为作文搭建一座"梦想城堡"。想象一下，你的城堡有哪些部分？是坚固的城墙，还是华丽的宫殿？这几个部分是如何联系在一起的？记住，每个部分都要紧紧围绕着你的"主题"来展开！

小嗯就像个建筑师，用足球梦想作为基石，一步步搭建起了他的"足球梦想城堡"。从初次踢球的趣事，到日常训练的挑战，再到赛场上的荣耀时刻，每个部分都精彩纷呈！

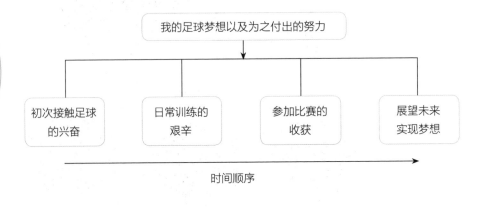

- 写作：让文字"翩翩起舞"

好了，现在轮到你的文字大展身手了！让它们在你的笔下跳起欢快的舞蹈吧！首先，用生动的比喻和形象的描写，让读者仿佛置身于你的"梦想城堡"之中。其次，别忘了那些有趣的细节哦！它们就像城堡里的小精灵，让你的作文更加灵动和有趣。

在小嗯的故事里，他的文字就像一群足球小将，在绿茵场上尽情奔跑、挥洒汗水。读者仿佛能感受到那足球的质感、赛场的氛围，还有小嗯对足球的深深热爱。这样的作文，当然让人赞不绝口。

 慧文老师有话说：用这 3 步成为作文小能手

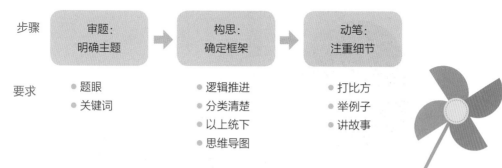

步骤	审题：明确主题	→	构思：确定框架	→	动笔：注重细节
要求	● 题眼 ● 关键词		● 逻辑推进 ● 分类清楚 ● 以上统下 ● 思维导图		● 打比方 ● 举例子 ● 讲故事

6.2 课堂小明星：发言有条理，老师和同学都夸你

言值提升站
——妙言的发言秘诀

在一个阳光明媚的周五早晨，妙言像往常一样，怀着期待的心情走进了教室。她热爱学校生活，尤其是那些能够展现自己表达能力的时刻。今天，她知道有一场特别的课堂讨论，她决心要做一次令人印象深刻的发言。

最后，科技还让我们的生活更舒适。智能家居让我们能远程控制家里的电器，医疗科技的发展也使得许多曾经的绝症变得可以治愈。

通过这次发言，妙言不仅再次展现了自己的表达能力，还让同学们更加深刻地理解了科技对我们生活的影响。而她也更加坚信，运用 PREP 框架进行结构化表达，是让自己在课堂上脱颖而出、获得认可的有效方法。

慧文老师有话说：如何精彩地回答课堂提问

回答课堂提问要用好 PREP 框架，也就是先说观点，再说原因，并且举例，最后总结并强调观点。

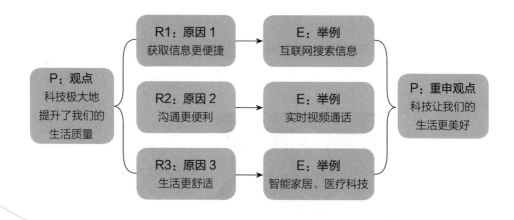

P：观点
科技极大地提升了我们的生活质量

R1：原因 1
获取信息更便捷

E：举例
互联网搜索信息

R2：原因 2
沟通更便利

E：举例
实时视频通话

R3：原因 3
生活更舒适

E：举例
智能家居、医疗科技

P：重申观点
科技让我们的生活更美好

竞选小达人：条理清晰的表达，助你成功当选

言值提升站
——妙言的班长竞选之旅

妙言准备参加班长的竞选，为了在众多优秀的同学中脱颖而出，她决定采用结构化表达来准备她的演讲。

> 我要参加班长竞选，用结构化表达来准备我的演讲，让大家看到我的决心和能力！

在这个激动人心的故事里，妙言用她的智慧和勇气向我们展示了如何像一位小小魔术师一样，用结构化表达这把神奇的钥匙，打开成功竞选班长的大门。想象一下，如果演讲是一场探险，那么妙言就是那位手持地图、勇敢前行的探险家。

首先，妙言聪明地给她的演讲穿上了一件闪亮的外衣——一个既吸引人又充满力量的标题："携手共进，争做好班长"。这就像是在告诉所有人："嘿，朋友们，跟着我，让我们一起开启一段精彩的旅程吧！"

接着，她用一个小故事作为开场白，就像是在探险旅程中突然发现了神秘的宝藏，瞬间吸引了所有人的目光。这个小故事不仅有趣，还巧妙地引出了她的主题，让人忍不住想要继续听下去。

进入演讲的主体部分，妙言就像是一位精明的建筑师，一步步搭建起了她的演讲大厦。她先展示了自己的优势，就像是在说："看，我有这些工具，我能帮大家解决问题！"然后，她深入谈了对班长的理解，让大家明白，班长不仅仅是一个称号，更是一份沉甸甸的责任。最后，她明确了自己的计划，就像是在绘制一张通往美好未来的蓝图，让每个人都充满了期待。

而到了结尾部分，妙言的话语就像是一股温暖的风，吹进了每个人的心田。她诚恳地请求大家的支持，并用一句充满力量的话作为结束："让我们一起携手共进，为我们的班级创造更加美好的明天！"这句话就像是一面旗帜，引领着大家向着共同的目标前进。

最终，妙言凭借着她精心准备的演讲，成功赢得了大家的信任和支持，当选为班长。

这个故事告诉我们：用结构化表达来准备演讲，就像是在为一次重要的探险做好充分的准备。只要我们有清晰的思路、有趣的内容、诚恳的态度，就一定能够在演讲的舞台上大放异彩。

慧文老师有话说：如何做一次精彩的演讲

妙言的演讲特点是条理清晰、内容丰富有趣，她用结构化表达实现了这一效果。

```
┌──────────┐   ┌──────────┐   ┌──────────┐        ┌──────────────┐
│ 标题：    │   │ 开头：    │   │ 主体：    │   ┌──│•摆优势：善于表达，│
│ 简洁明确   │→ │ 新颖切题   │→ │ 丰富且    │   │  │ 热爱学习、成绩优 │
│ 携手共进，  │   │ 从国王带领  │   │ 有亮点    │   │  │ 异，责任心强    │
│ 争做好班长  │   │ 国民过上幸  │   │ •摆优势   │───┤  └──────────────┘
└──────────┘   │ 福生活的故  │   │ •谈认识   │   │  ┌──────────────┐
               │ 事讲起     │   │ •明打算   │   ├──│•谈认识：班长是老 │
               └──────────┘   └──────────┘   │  │ 师的好帮手、同学 │
                                              │  │ 们的好朋友、班级 │
                                              │  │ 的守护者      │
                                              │  └──────────────┘
                                              │  ┌──────────────┐
                                              └──│•明打算：组织有趣 │
                                                 │ 的活动、反映大家 │
                                                 │ 的意见、提高班级 │
                                                 │ 的管理水平     │
                                                 └──────────────┘
```

┌──────────┐
│ 结尾：   │
│ 恳切有力   │
│ 点题并   │
│ 憧憬未来   │
└──────────┘

6.4 面试小能手：说话有条理，轻松应对考官的提问

言值提升站
——妙言在面试中脱颖而出

妙言即将迎来青少年科技创新大赛的面试，这让她既兴奋又紧张。

在面试前的几个星期，妙言开始了紧张的准备。

我一定要好好准备这次面试！

在这个故事里，妙言用她的智慧与勇气，向我们展示了如何在关键时刻，用结构化表达点亮自己的舞台。想象一下，如果参加面试是一场激动人心的冒险，那么妙言的准备过程就像是在打造一把开启神秘大门的钥匙。

首先，妙言按照结构化表达的要求，将自己的名字、年龄、兴趣爱好和优点都列了出来，然后用简洁明了的语言组织成一段话。妙言还准备了一些常见问题的答案，比如"你为什么来参加这个比赛""你有什么特长"等。她总是先思考问题的重点，然后按照"观点—理由—例子"的结构来回答。

当面试的钟声敲响，妙言带着紧张又兴奋的心情踏入了考场。面对考官的第一个问题——"你为什么来参加这次比赛？"妙言不慌不忙地告诉考官："我之所以来参加比赛，是因为这是一个展示创意和学习新知识的平台。而且，这次比赛有一个机器人制作项目，我很期待参与，因为我一直对机器人编程很感兴趣。"这种观点明确、结构清晰的解释既向考官展示了妙言是一个逻辑思维很清晰的孩子，也说明妙言在面试前做足了充分准备。

当考官问及妙言的难忘经历时，她按照 STAR 框架，也就是"情境—任务—行动—结果"的思路娓娓道来，向老师们讲述了她在班级组织义卖活动的一次经历。由于妙言用好了 STAR 框架，把这个故事讲得既生动有趣，还证明了自己在组织、沟通等多方面的能力，让人信服又印象深刻。

最难的一个问题来了，当考官问起妙言"你有什么需要改进的地方"时，妙言没有回避自己的不足，而是诚实地承认自己在时间管理方面存在的问题，但是她并没有停留在问题上，接着积极地提出了改进方法，告诉老师："我已经在努力学习时间管理的方法，比如制订计划表，合理安排时间。"这不仅展示了她解决问题的能力，还体现了她面对不足时的积极态度。

最终，妙言凭借着她那结构化、有条理的回答，成功赢得了考官的赞赏。

慧文老师有话说：如何在面试中脱颖而出

内容	要求	妙言的做法
明动机	理由充分且表示向往	结合比赛的特点和自己的优势
谈经历	条理清晰有亮点	用 STAR 框架讲故事
谈缺点	真诚且态度积极	直面问题提出改进计划

在写作文时，遵循"审题—构思—写作"的步骤，你需要成为：

1. 审题小能手

拿到作文题目后，别急着动笔哦！先做个"审题小能手"。仔细读读题目，用圈圈画画的方式，把题目里的关键词或短语找出来。这样，你就能明确作文的主题或中心啦！比如，题目是"我的梦想"，那你就要圈出"我"和"梦想"，知道这篇作文要写的是关于你自己的梦想。

2. 构思小达人

接下来，变身"构思小达人"！根据题目和主题，简单列个作文提纲。想想开头怎么写，中间段落要讲哪些内容，结尾又要怎么收。你可以采用"总—分—总"的结构，或者按照时间顺序、空间顺序来组织内容。别忘了，在脑海中搜索或写下与主题相关的素材，比如有趣的事例、励志的名言、准确的数据等。这样，你写作的时候就更有底气啦！

3. 写作小高手

最后，就是"写作小高手"的出场时刻啦！先写个吸引人的开头，让读者一眼就爱上你的作文。中间段落呢，就根据提纲和素材详细展开论述。记得注意段落之间的过渡和逻辑连贯性，别让读者读着读着就迷路了。在写作过程中，你还可以灵活运用各种写作技巧，比如比喻、拟人、排比等修辞手法，让文字更加生动有趣。还有细节描写、对话、心理活动等叙述方法，也能让你的作文内容更加丰富多彩。别忘了写个有力的结尾，总结全文、升华主题、提出倡议或留下深思。这样，读者在读完后就会留下深刻的印象。

1. PREP 框架，回答问题的秘诀

PREP 框架简单又实用，回答问题时用上它，相信你一定能让老师和同学们刮目相看！P 就是"Point"，直接说出你的观点，让老师和同学们一听就明白你的立场。比如，"我认为读书非常有益"。接下来是 R，"Reason"，给出支持你观点的理由或论据，让你的观点更具说服力。比如，"因为读书能增长知识，开阔眼界"。然后是 E，"Example"，用具体的例子来支持你的理由，让论述更加生动和具体。比如，"我上次读了《科学小百科》，学到了很多有趣的知识"。最后是 P，"Point again"，在结束时重申你的观点，确保听众明白你的立场。比如，"所以，我认为读书真的是非常有益"。

2. 竞聘演讲，展现你的魅力

想当选班干部？那就得在竞聘演讲时大展身手啦！首先，要展现自己的优势，比如你责任心强、成绩优异。然后，说出你的计划，比如怎样组织班级活动、怎样帮助同学。别忘了表达你的决心，让大家知道你是真心想为班级服务。记住，演讲不仅是语言的表达，更是情感和态度的传递。用心准备，用情演讲，相信你一定能赢得同学们的信任和支持，成功当选班干部！

3. 面试小妙招，让你脱颖而出

面试时紧张怎么办？你需要用好这几招！首先，要充分准备，了解面试的内容和要求。开场时要自信，给面试官留下好印象。表达要清晰，别吞吞吐吐。别忘了展示你的特长，让面试官看到你的闪光点。最后，无论面试官问什么，都要礼貌回应，展现出你的素质和潜力。记住，面试不仅是对你知识和能力的考察，更是对你的态度、素质和潜力的评估。用心准备，相信你一定能成功通过面试。

结构化表达的趣味闯关

一、单项选择题

1. 在写作文时，结构化表达可以帮助你：_____

    A. 快速完成作文，但内容可能不够清晰

    B. 让作文结构混乱，难以理解

    C. 让作文条理清晰，更容易获得高分

    D. 让作文看起来更复杂，但不实用

2. 在课堂发言时，使用结构化表达的好处是：_____

    A. 让你说话更混乱

    B. 让你的发言更有条理，更容易被理解

    C. 让你更紧张

    D. 让你更难表达自己的观点

二、判断改错题

1. 在写作文时，只要把想法写出来就行，不需要考虑结构。

2. 在演讲时，结构化表达只会让演讲变得枯燥。

三、作文题

题目：我的"言值"高光时刻

要求：

1. 回忆一次你在表达中使用结构化表达技巧的场景，比如课堂发言、竞选演讲、面试或其他重要场合。请写一篇作文，描述你是如何准备和使用结构化表达的，以及这次经历给你带来的收获。

2. 在写作时，运用以下技巧：

（1）审题：明确你想表达的核心内容。

（2）构思：用结构化表达的方法，列出主要步骤和关键点。

（3）写作：用生动的语言描述你的经历，让读者感受到你的成长和进步。

3. 字数不少于 300 字。

参考答案

一、单项选择题

1. 答案：C

解析：结构化表达可以让你的作文条理清晰、逻辑连贯，更容易获得高分。

2. 答案：B

解析：结构化表达可以帮助你把思路整理得井井有条，让你的发言更有条理，更容易被理解。

二、判断改错题

1. 答案：错误

改错：在动笔写作文之前，一定先要确定好文章的结构才动笔。

2. 答案：错误。

改错：在演讲时只有善于使用结构化表达才会吸引听众，获得他们的认可。

三、作文题

提示：

1. 你可以选择一个具体的场景，比如"我的竞选演讲""我的课堂发言"或"我的面试经历"。

2. 描述你是如何准备的，比如列提纲、练习表达等。

3. 最后总结这次经历给你带来的启发和收获。